स्टॉक मार्केट में सफलता के सूत्र

अमोल गांधी

डायमंड बुक्स
www.diamondbook.in

प्रकाशक : **डायमंड पॉकेट बुक्स (प्रा.) लि.**
X-30 ओखला इंडस्ट्रियल एरिया, फेज-II
नई दिल्ली-110020
फोन : 011-40712200
ई-मेल : wecare@diamondbooks.in
वेबसाइट : www.diamondbooks.in
संस्करण : 2026
मुद्रक : रेप्रो (इंडिया)

STOCK MARKET MEIN SAFALTA KE SUTRA
By : Amol Gandhi

लेखकीय

शेयर बाजार में प्रत्येक निवेशक कामयाब होने का सपना देखता है पर आपने गौर किया होगा कि सपने बहुत कम लोगों के पूरे हो पाते हैं। कई उदाहरण आपको ऐसे मिल जायेंगे जो कामयाबी के लिए सब कुछ करते हैं फिर भी विफलता हाथ लगती है। शेयर मार्किट में सफल होने के लिए ये जरूरी है कि एक निवेशक का दिमाग हमेशा खुला और सचेत होना चाहिए ताकि शेयर बाजार की प्रत्येक हलचल को पैनी नजर से देख सकें।

शेयर बाजार में कड़ी मेहनत और बहुत सारा समय लगाकर काम करने के बावजूद भी, सफल नहीं होने के पीछे एक कारण अपने काम का सही आंकलन नहीं करना होता है। जबकि सफल व्यक्ति अपने हर एक छोटे-बड़े निर्णय की प्रतिक्रियाओं का आंकलन करते हैं, सलाह लेते हैं, गलतियों पर गौर करते हैं और उनके अनुसार आगे की रणनीति बनाते हैं। यह पुस्तक आपको बेहतर रणनीति बनाने में सहायक हो सकती है।

शेयर बाजार में प्रत्येक निवेशक को अपने लिए कभी भी सीमित दायरा नहीं बनाना चाहिए। शेयर बाजार में सफल लोग किसी सीमित दायरे में बंध कर नहीं रहते, बल्कि वो तो हर दिन अपने दायरे को बढ़ाते हैं और ऐसे कामों को हाथ में लेते हैं, जिन्हें करने के लिए उन्हें अपने कम्फर्ट जोन से बाहर निकलना पड़ता है।

शेयर बाजार में सफल निवेशक अपने कम्फर्ट जोन से बाहर निकलकर नयी-नयी चीजें सीखते हैं और नए-नए अनुभव हासिल करते हैं और उनके यही अनुभव शेयर बाजार में सफलता की राह बनाते हैं। यह पुस्तक आपको आगे बढ़ने में मदद करेगी।

शेयर बाजार में लक्ष्य का निर्धारण तो प्रत्येक निवेशक करता है, लेकिन लक्ष्य को भेदता वही है, जिसमें अर्जुन जैसी एकाग्रता होती है। किसी भी परिस्थिति में अपने फोकस को बनाये रखना सफल होने के लिए बेहद जरूरी है। क्योंकि अगर फोकस हटा तो लक्ष्य भी ओझल हो जाएगा। यह पुस्तक एक निवेशक के लिए लक्ष्य पाने में महत्त्वपूर्ण भूमिका निभा सकती है।

–अमोल गाँधी

विषय सूची

अध्याय 1

स्टॉक मार्केट

✿ ✿ ✿

> अपनी कामयाबी को इससे मापो कि उसे पाने के लिए तुमने क्या खोया है। **-दलाई लामा**

किसी भी क्षेत्र में सफलता के नित नये कीर्तिमान स्थापित करने के लिए सबसे पहले जरूरी है कि हम उस क्षेत्र के बारे में न सिर्फ गहन अध्ययन करें, बल्कि उस क्षेत्र से जुड़े लोगों, समितियों के भी सम्पर्क में रहें। हम अपने पाठकों को सर्वप्रथम स्टॉक मार्केट से सम्बन्धित कुछ जानकारी दे रहे हैं।

स्टॉक मार्केट वह जगह होती है जहां शेयर, डिबेंचर, म्यूचुअल फंड, डेरिवेटिव्स और अन्य सिक्योरिटीज (प्रतिभूतियां) को खरीदा और बेचा जाता है। शेयरों को मुख्य रूप से स्टॉक एक्सचेंज के माध्यम से खरीदा और बेचा जाता है और भारत में बीएसई (बॉम्बे स्टॉक एक्सचेंज) और एनएसई (नेशनल स्टॉक एक्सचेंज) दो मुख्य स्टॉक एक्सचेंज हैं।

शेयर बाजार एक ऐसा बाजार है जहाँ कंपनियों के शेयर खरीदे-बेचे जा सकते हैं। किसी भी दूसरे बाजार की तरह शेयर बाजार में भी खरीदने और बेचने वाले एक-दूसरे से मिलते हैं और मोल-भाव कर के सौदे पक्के करते हैं। पहले शेयरों की खरीद-बिक्री मौखिक बोलियों से होती थी और खरीदने-बेचने वाले मुंहजबानी ही सौदे किया करते थे। लेकिन अब यह सारा

लेन-देन स्टॉक एक्सचेंज के नेटवर्क से जुड़े कंप्यूटरों के जरिये होता है। इंटरनेट पर भी यह सुविधा मिलती है। आज स्थिति यह है कि खरीदने-बेचने वाले एक-दूसरे को जान भी नहीं पाते।

एक प्रकार से देखें तो यहां पर शेयरों की नीलामी होती है। अगर किसी को बेचना होता है तो सबसे ऊंची बोली लगाने वाले को ये शेयर बेच दिया जाता है। या अगर कोई शेयर खरीदना चाहता है तो बेचने वालों में से जो सबसे कम कीमत पर तैयार होता है उससे शेयर खरीद लिया जाता है। शेयर मंडी (जैसे बॉम्बे स्टॉक एक्सचेंज या नेशनल स्टॉक एक्सचेंज इस तरह की बोलियाँ लगाने के लिये जरूरी सभी तरह की सुविधायें मुहैया कराते हैं। सोचिये, एक दिन मे करोड़ों शेयरों का आदान-प्रदान होता है। कितना मुश्किल हो जाये अगर सभी कारोबारियों को चिल्ला-चिल्ला के ही खरीदने और बेचने वालों को ढूंढ़ना हो। अगर ऐसा हो तो शेयर खरीदना और बेचना कमोबेश असम्भव हो जायेगा। शेयर मन्डियाँ इस काम को सरल और सही ढंग से करने का मूलभूत ढांचा प्रदान करती हैं। कई प्रकार के नियम,

कम्प्यूटर की मदद, शेयर ब्रोकर, इंटरनेट के मध्यम से ये मूलभूत ढांचा दिया जाता है। असल में शेयर बाजार एक बहुत ही सुविधाजनक सब्जी मंडी से ज्यादा कुछ भी नहीं है।

कुछ साल पहले तक बॉम्बे स्टॉक एक्सचेंज मे सीधे खरीद फरोख्त करनी पड़ती थी। पिछले कुछ सालों से कम्प्यूटरों और इंटरनेट के माध्यम से कोई भी घर बैठे शेयर खरीद और बेच सकता है। सूचना क्रांति का ये एक उत्कृष्ट नमूना है। जो काम पहले कुछ पैसे वाले लोग ही कर सकते थे अब वो सब एक आम आदमी भी कर सकता है।

आजकल सभी शेयर डीमटीरिअलाइज्ड होते हैं। शेयरों के अलावा निवेशक भारतीय म्यूचुअल फंड मे भी पैसा लगा सकते हैं।

आम ग्राहक को किसी डीमैट सर्विस देने वाले बैंक में अपना खाता खोलना पड़ता है। आजकल कई बैंक जैसे आइसीआइसीआइ, एचडीएफसी, भारतीय स्टेट बैंक, इत्यादि डीमैट सर्विस देते हैं। इस तरह के खाते की सालाना फीस 500-800 रुपए तक होती है।

शेयर बाजार किसी भी विकसित देश की अर्थव्यवस्था का एक महत्त्वपूर्ण हिस्सा होते हैं। जिस तरह से किसी देश, गाँव या शहर के विकास के लिये सड़कें, रेल यातायात, बिजली, पानी सबसे जरूरी होते हैं, वैसे ही देश के उद्योगों के विकास के लिये शेयर बाजार जरूरी हैं। उद्योग-धंधों को चलाने के लिये कैपिटल चहिये होता है। ये उन्हें शेयर बाजार से मिलता है। शेयर बाजार के माध्यम से हर आम आदमी बड़े-से-बड़े उद्योग में अपनी भागीदारी कर सकता है। इस तरह की भागीदारी से वो बड़े उद्योगों मे होने वाले मुनाफे में बराबर का हिस्सेदार बन सकता है। मान लीजिये, अगर किसी भी नागरिक को ये लगता है कि आने वाले समय मे रिलायंस या इंफोसिस भारी मुनाफा कमाने वाली है, तो वह इन कम्पनियों के शेयर खरीद कर इस मुनाफे में भागीदार बन सकता हैं। और ऐसा करने के लिये जो व्यवस्था चाहिये वो शेयर बाजार प्रदान करता है। एक अच्छा शेयर बाजार इस बात का ख्याल रखता है कि किसी भी निवेशक को बराबर का मौका मिले।

बॉम्बे स्टॉक एक्सचेंज व नेशनल स्टॉक एक्सचेंज के अलावा देशभर में 27 क्षेत्रीय स्टॉक एक्सचेंज हैं।

आज दुनिया भर के निवेशक चाहे वह किसी भी देश के स्टॉक मार्केट में पैसा लगा सकता है, लेकिन एक सफल निवेशक को कुछ बुनियादी बातों की जानकारी होनी ही चाहिए।

अध्याय 2

शेयर बाजार कैसे काम करता है?

❀ ❀ ❀

> तुम्हारा काम है अपनी दुनिया को खोजना और फिर दिलो-जान के साथ खुद को उसमें डुबो देना। -**बुद्धा**

एक कहावत आपने जरूर सुनी होगी कि "जिसका काम उसी को साजे!" यह कहावत अनुभव पर आधारित है। लेकिन यदि एक जागरूक निवेशक को किसी मशीनरी की जानकारी मिल जाए तो वह स्वयं भी उस कला में माहिर हो सकता है। यही बात स्टॉक मार्केट के बारे में कही जा सकती है।

शेयर बाजार क्या है और यह कैसे काम करता है, शेयर कैसे खरीदें? जब भी हम किसी बाजार की कल्पना करते हैं तो हमारे दिमाग में किसी ऐसी जगह की इमेज बनती है जहाँ बहुत-सी दुकानें होंगी या कोई मॉल जहां जाकर आप खरीदारी कर सकते हैं, मगर शेयर बाजार ऐसा बाजार नहीं है। शेयर बाजार में खरीदने और बेचने का काम पूरी तरह से कंप्यूटर द्वारा ऑटोमेटिक तरीके से होता है। कोई भी शेयर खरीदने या बेचने वाला अपने ब्रोकर के द्वारा एक्सचेंज पर अपना आर्डर देता है और पलक झपकते ही पेंडिंग आर्डरों के अनुसार ऑटोमेटिकली सौदे का मिलान हो जाता है।

शेयर बाजार में काम के घंटों में ब्रोकर अपने ग्राहकों के लिए उनके द्वारा दिए गए आर्डर टर्मिनल में डाल देते हैं। इसके बदले में ब्रोकर को ब्रोकरेज या दलाली मिलती है।

शेयर बाजार की तीन कड़ियाँ हैं स्टॉक एक्सचेंज, ब्रोकर और निवेशक। ब्रोकर स्टॉक एक्सचेंज के सदस्य होते हैं और केवल वे ही उस स्टॉक एक्सचेंज में ट्रेडिंग कर सकते हैं। ग्राहक सीधे जाकर शेयर खरीद या बेच

नहीं सकते उन्हें केवल ब्रोकर के जरिए ही जाना पड़ता है। ऐसा नहीं है कि शेयर बाजार में निवेश करने के लिये कोई मोटी राशि की जरूरत है, यहां पढ़िये शेयर बाजार में कम से कम कितना निवेश कर सकते हैं।

देश के मुख्यता सभी बड़े बैंक या उनकी सब्सिडी कंपनियां और अन्य बड़ी वित्तीय कंपनियां इन एक्सचेंजों में ब्रोकर के तौर पर काम करती हैं। ग्राहक इन ब्रोकर कम्पनियों के पास जाकर अपने डीमैट एकाऊंट की जानकारी देकर अपना खाता ब्रोकर के पास खुलवा सकता है। इस प्रकार ग्राहक का डीमैट एकाऊंट ब्रोकर के एकाऊंट से जुड़ जाता है और खरीदी अथवा बेची गई शेयर्स ग्राहक के डीमैट एकाऊंट से ट्रांसफर हो जाती हैं। इसी प्रकार ग्राहक अपना बैंक खाता भी ब्रोकर के खाते के साथ जोड़ सकता है जिससे खरीदे अथवा बेचे गए शेयरों की धनराशि ग्राहक के खाते में ट्रांसफर की जाती है।

ग्राहक द्वारा खरीदे गए शेयर इलेक्ट्रॉनिक रूप में उसके डीमैट एकाऊंट में पड़े रहते हैं। जब भी कोई कंपनी डिविडेंड की घोषणा करती है तो डीमैट एकाऊंट से जुड़े बैंक खाते में डिविडेंड की राशि पहुंच जाती है। इसी प्रकार यदि कंपनी बोनस शेयरों की घोषणा करती है तो बोनस शेयर भी शेयरहोल्डर के डीमैट एकाऊंट में पहुंच जाते हैं। ग्राहक जब शेयर बेचता है तो उसी डीमैट एकाऊंट से वह शेयर ट्रान्सफर हो जाता है।

शेयरों में कारोबार करने के लिए एक निवेशक के पास डीमैट एकाऊंट, ब्रोकर के पास ट्रेडिंग एकाऊंट और उससे जुड़ा एक बैंक खाता होना जरूरी है। कई बैंक इसके लिए थ्री इन वन खाता खोलने की सुविधा भी देते हैं। अधिकतर ब्रोकर हाउस आपको ऑनलाइन शेयर ट्रेडिंग की सुविधा भी प्रदान करते हैं। इसके अलावा आप फोन करके भी अपने ऑर्डर दे सकते हैं।

यदि आप भी शेयर बाजार में निवेश करना चाहते हैं तो शेयर बाजार क्या है और शेयर बाजार कैसे काम करता है, यह आपके लिए समझना बहुत आवश्यक है।

दुनिया में महत्त्वपूर्ण बदलाव लाने वाले मुख्यकारकों में एक तकनीकी पक्ष भी है। जैसे-जैसे तकनीकी में बदलाव हुआ वैसे-वैसे सामाजिक, आर्थिक सम्बन्ध भी बदले। इसीलिए शेयर बाजार में होने वाली कार्य शैली एक सफल निवेशक के लिए महत्त्वपूर्ण भूमिका निभाती है।

अध्याय 3

स्टॉक मार्केट में निवेश कैसे करें?

❁ ❁ ❁

> सफलता बहुत हद तक तब भी टिके रहना है
> जबकि बाकी लोग मैदान छोड़ कर चले गए हों। **–अनाम**

यह पुस्तक आप सभी के लिए है, जो स्टॉक मार्केट में निवेश करना चाहते हैं, लेकिन निवेश के पूर्व अक्सर इस सवाल में उलझ जाते हैं कि आखिर स्टॉक मार्केट में निवेश की शुरुआत कैसे करें? इस पुस्तक को पढ़कर बिलकुल अच्छी तरह से समझ जायेंगे कि स्टॉक मार्केट में निवेश कैसे किया जाता है।

स्टॉक मार्केट में निवेश करने के लिए आपको स्टॉक मार्केट में लिस्टेड कंपनी के स्टॉक खरीदने होते हैं। और कोई भी स्टॉक खरीदने या बेचने के लिए आप डायरेक्ट स्टॉक मार्केट में नहीं जा सकते।

आपको कोई भी शेयर खरीदने और बेचने के लिए एक स्टॉक ब्रोकर की जरूरत होती है। स्टॉक ब्रोकर के माध्यम से ही आप स्टॉक मार्केट से कोई भी शेयर खरीद और बेच सकते हैं। स्टॉक ब्रोकर वह महत्त्वपूर्ण कड़ी होता है, जो इन्वेस्टर को स्टॉक मार्केट तक पहुंचाता है।

अब जब आप समझ चुके हैं कि आपको स्टॉक मार्केट में निवेश के लिए एक स्टॉक ब्रोकर की जरूरत है। ऐसे में जब भी आप किसी स्टॉक ब्रोकर के पास जाते हैं, तो स्टॉक ब्रोकर के पास एकाऊंट खोलने से पहले कुछ बैटन पर ध्यान दें।

- आप अपनी खुद की रणनीति तैयार करें।
- स्टॉक मार्केट की बुनियादी बातों को सीखें।
- आप अपने स्टॉक मार्केट में इन्वेस्टमेंट पर रिस्क उठाने की क्षमता को समझें।
- आप एक ऐसा स्टॉक ब्रोकर चुनें, जो कम फीस में बेहतर सेवा दे।
- आप स्टॉक मार्केट में निवेश के पीछे के लक्ष्य को भी समझें।
- आप उसी कंपनी का स्टॉक खरीदें, जिसका बिजनस आपको समझ आता हो।
- स्टॉक मार्केट को एक बिजनस की तरह समझें।
- आप स्टॉक के वास्तविक मूल्य की बुनियादी बातों को जरूर समझें।
- स्टॉक मार्केट में निवेश करते समय भावनाओं पर नियंत्रण रखें।
- स्टॉप लॉस को समझें और उसका पालन करें।
- मनी मैनेजमेंट और रिस्क और रिवॉर्ड को समझें और उसका बेहतर इस्तेमाल करें।
- आपने जिन स्टॉक में निवेश किया है, उन पर रेगुलर नजर रखें।

शेयर बाजार में सफलता के सूत्र ही आपके सफल होने के सूत्र होते हैं। यह एक निवेशक की जानकारी, अध्ययन और उसके विवेक पर भी निर्भर करता है। यदि निवेशक को ये सब जानकारी हो जाये तो वह बहुत हद तक सफल हो सकता है।

अध्याय 4

शेयर बाजार की बारीकियां

❁ ❁ ❁

जहाँ हो वहां से शुरुआत करो। उसका प्रयोग करो जो तुम्हारे पास है। वो करो जो तुम कर सकते हो। **–आर्थर ऐश**

शेयर बाजार के बारे में कहा जाता है कि इसके बारे में आप जितना जानते हैं, उससे अधिक आप नहीं जानते हैं। एक सफल निवेशक के लिए यही वो पक्ष होता है जिसे जानना जरूरी है। पिछले अध्याय में आपने कुछ बेसिक जानकारियां प्राप्त कीं। इस अध्याय में हम आपको कुछ ऐसी जानकारियां दे रहे हैं जो एक निवेशक के लिए बहुत जरूरी हैं।

आज हम बात कर रहे हैं इक्विटी मार्केट की। इक्विटी में कैसे निवेश किया जाए और इसके क्या फायदे हो सकते हैं?

सबसे पहले समझते हैं कि इक्विटी मार्केट क्या है? इक्विटी मार्केट या शेयर बाजार वो प्लेस है, जहां कंपनियां और इंवेस्टर मिलते हैं। कंपनियां पूंजी जुटाने के लिए शेयर बाजार में लिस्ट होती है। लिस्टिंग के बाद निवेशक कंपनियों के शेयरों की खरीद-बिक्री करते हैं। कंपनियों का कारोबार अच्छा होने पर शेयर के दाम बढ़ते हैं। लिहाजा कम पैसे में बड़े पसंदीदा कारोबार वाली कंपनियों के शेयरों में निवेश कर सकते हैं। शेयर बाजार में ज्यादा रिस्क और ज्यादा मुनाफा होता है।

शेयर बाजार में कमजोर बाजार में लंबी अवधि के निवेश रखकर करें। कंपनियों का मुनाफा बढ़ने पर शेयर के भाव में बढ़त होती है। बैंक, डीमैट और ट्रेडिंग एकाऊंट इन 3 एकाऊंट की जरूरत शेयर बाजार में ट्रेडिंग के

लिए होती है। शेयर डीमैट एकाऊंट में जमा होते हैं और ट्रेडिंग एकाऊंट के जरिये शेयरों की खरीद-बिक्री की जाती है, जिसके बाद पैसा जमा करने और निकालने के लिए बैंक एकाऊंट का इस्तेमाल किया जाता है।

ट्रेडिंग एकाऊंट ब्रोकर के पास खुलता है और सारे ही एकाऊंट आपस में लिंक करते हैं। शेयर बाजार कोई सट्टा बाजार नहीं है तो निवेशक इसे लेकर कोई गलतफहमी ना रखें। शेयर बाजार में ट्रेडिंग और निवेश के फर्क को समझते हुए सारी बचत शेयर बाजार में ना करें। एसेट का सही बंटवारा कर फाइनेंशियल लक्ष्य के मुताबिक निवेश करें।

शेयर बाजार की एक सबसे बड़ी बात यह है कि इसमें परिवर्तन महीनों या सालों में नहीं आता, बल्कि यह पल-प्रतिपल बदलता रहता है। इस को समझने वाला निवेशक यदि चारों तरफ देखता है, अपने विवेक का इस्तेमाल करता है, तो वह कभी भी हानि नहीं उठा सकता। लेकिन नया निवेशक बिना अनुभव के कभी-कभी जोखिम उठा लेता है। इसलिए निवेशक नया हो या पुराना, लेकिन हर तरह की जानकारी का होना जरूरी है।

अध्याय 5

यथार्थवादी निवेशी सोच बनाएं

❀ ❀ ❀

> कामयाब लोगों और बाकियों में अंतर ताकत का नहीं, ज्ञान का नहीं, बल्कि इच्छा की कमी का होता है। -**विन्से लोम्बार्डी**

एक कहावत आपने शायद कभी सुनी होगी, जब आदमी अपने सबसे कमजोर पक्ष को मजबूत बना लेता है तब उसके सामने सफलता के सारे रास्ते खुल जाते हैं। दूसरी तरफ जब आदमी अपनी ताकत का घमंड लेकर दुनिया में प्रदर्शित करता है, तब उसकी असफलता का दौर शुरू हो जाता है। यह कहावत वैसे तो शेयर बाजार पर लागू नहीं होती, लेकिन जीवन के हर पहलू पर इस कसौटी को उतरना बेहतर है। इसी कहानी के माध्यम से हम अपने पाठकों को शेयर बाजार में सफलता प्राप्त करने के सूत्र के रूप में बता रहे हैं।

बाजार में लंबी अवधि के सफल निवेशक बनने के लिए हम यहां आपको जो सूत्र दे रहे हैं, उनकी मदद से आपको न केवल बाजार को समझने में आसानी होगी, बल्कि आप निवेश के हर पहलू पर भी अपने आप को खरा साबित करेंगे।

समय ने बार-बार बताया है कि निवेशकों ने अपने निवेश किए गए स्टॉक को बार-बार बेचकर ही फायदा कमाया है। लेकिन यदि वे अपने स्टॉक को लंबे समय तक रोक कर रखते हैं तो इससे स्टॉक के दाम गिरने की संभावना होती है। लेकिन निवेशक यह नहीं जानता है कि कमजोर स्टॉक के साथ कब क्या करना चाहिए? और इस वजह से निवेशक मुश्किल में पड़ सकता है।

सबसे अच्छा तरीका यह है कि उच्च क्वालिटी वाले स्टॉक को होल्ड करना चाहिए, जबकि खराब प्रदर्शन वाले स्टॉक को बेचना चाहिए। लेकिन इस तरीके को प्रायोगिक तौर पर अपनाना बहुत कठिन होता है। यहां इस बात की कोई गारंटी नहीं है कि एक शेयर लंबी गिरावट के बाद दोबारा उछाल मारेगा। जब यह महत्त्वपूर्ण है कि अच्छे शेयरों को कम न समझा जाए, ठीक उसी प्रकार यह भी महत्त्वपूर्ण है कि आप अपने उस निवेश के प्रति यथार्थवादी बने रहें, जो बुरा प्रदर्शन कर रहे हों।

अपनी हार को स्वीकार करना बहुत कठिन है, क्योंकि यह आपकी गलती का ही सूचक होता है। लेकिन जब आपको एहसास हो जाए कि शेयर आपकी उम्मीद के मुताबिक प्रदर्शन नहीं कर पा रहा है तो यह महत्त्वपूर्ण हो जाता है कि आप ईमानदार हो जाएं। अपने अहम को तोड़ने से न डरें और नुकसान ज्यादा बढ़े इससे पहले बाहर निकलें तो बेहतर होगा।

दोनों मामलों में, अपनी रिसर्च के आधार पर तैयार मेरिट वाली कंपनियों के बारे में निर्णय करना चाहिए। प्रत्येक परिस्थिति में, आपको यह तय करना है कि क्या वर्तमान मूल्य भविष्य की संभावित क्षमता को सही ठहराता है। याद रखें कि आप अपने डर को रिटर्न पर हावी न होने दें और न ही अपने नुकसान को बढ़ाएं।

अध्याय 6

विजेता की तरह सोचें

❁ ❁ ❁

> सफलता ये है कि जब आप नीचे गिरते हैं तब आप कितना ऊपर उछलते हैं। **-जॉर्ज एस. पैटन**

किसी ने कहा है कि विजेता कोई नया काम नहीं करते, लेकिन वे अपने काम को हमेशा नये तरीके से करते हैं। शेयर बाजार में सफलता पाने की चाह जितनी तेजी से निवशकों को आकर्षित करती है, वह उतनी ही तेजी से जोखिम भी ले लेती है। इसलिए एक सफल निवेशक के लिए निराशा जैसी कोई भी मनोस्थिति कोई मायने नहीं रखती। वह एक विजेता के रूप में जब तक अपने आपको प्रस्तुत करता रहेगा, सफलता उसके कदम चूमेगी।

पीटर लिंच टेनबैगर्स (ऐसा निवेश जो मूल्य में दस गुना तक वृद्धि करे) की बात करने के लिए प्रसिद्ध थे। उनकी सफलता के पीछे का सिद्धांत यह था कि पोर्टफोलियों में बहुत कम ऐसे स्टॉक रखें जो बड़ा रिटर्न दें। यदि स्टॉक अचानक कई गुना बढ़ जाता है और यदि आपके पास इसे बेचने की अपनी कोई पॉलिसी है, तो याद रहे कम से कम यह तीन गुना हो, इसके बिना आप विजेता नहीं बन सकते। निवेश के इतिहास में ऐसा कोई नहीं है जो अपने धन को तीन गुना करने के बाद बेचने के सिद्धांत से सहमत न हो।

एक शेयर अपने कठोर व्यक्तिगत नियमों की वजह से अच्छा प्रदर्शन कर रहा है तो उसे आप कम मत समझिए। यदि आपको अपने निवेश की क्षमता की अच्छी समझ नहीं है तो आप अपने व्यक्तिगत नियमों को अंत में और सीमित कर सकते हैं।

उसी समय, लाभ की सुरक्षा के लिए अपने मानसिक संतुलन को भी लाभ के एक स्तर पर बनाए रखने की कोशिश की जानी चाहिए। (यदि स्टॉक अचानक एक बहुत बुरे तकनीकी स्तर से भी नीचे गिर जाता है और कुछ समय के लिए निचले स्तर पर बना रहता है, तो कुछ लोग इससे बाहर निकलने की सोचने लगते हैं।)

यह भी याद रखना चाहिए कि एक संक्षिप्त उछाल के बाद मुश्किल से 1 या 2 प्रतिशत शेयर ही मल्टीबैगरर्स बन पाते हैं और बाकी नीचे बैठ जाते हैं (कुछ तो खरीद भाव से भी नीचे चले जाते हैं)। इसलिए निवेश से पहले पर्याप्त अध्ययन और रिसर्च बहुत जरूरी होता है। आमतौर पर एक वर्ष में कुछ शेयरों में निवेश किया जाना चाहिए और हर बार निवेश की कोशिश से बचना चाहिए।

हमने एक बार नहीं बल्कि बार-बार कहा है कि जानकारी और समझ तभी काम आ सकती है, जब एक निवेशक अपने विवेक का सही इस्तेमाल कर सके। जिसने भी अपने विवेक का इस्तेमाल अच्छी तरह से कर लिया वह एक सफल निवेशक के रूप में अपनी पहचान बनाने में सफल हो जायेगा।

अध्याय 7

सूचना के पीछे मत दौड़ो

❁ ❁ ❁

> हर दो मिनट की शोहरत के पीछे आठ घंटे की कड़ी मेहनत होती है। **–जेसिका सैविच**

यदि आपको सही और संतुलित सूचना चाहिए, खासकर शेयर के बारे में तो किसी भी सूचना पर आंख बंद करके भरोसा न करें। कंपनियों से संबंधित सूचनाओं में 60 प्रतिशत तक खामियां होती हैं। इसका खुलासा कई अध्ययनों से हुआ है।

चाहे आपका भाई, रिश्तेदार, पड़ोसी और यहां तक कि आपका ब्रोकर कोई टिप दे तो भी आपको इस पर कानून के रूप में अमल नहीं करना चाहिए। जब आप कोई निवेश करते हैं, तो यह महत्त्वपूर्ण हो जाता है कि आपको ऐसा करने के ठोस कारण पता हों, अपनी कड़ी मेहनत से कमाए गए धन को निवेश करने से पहले आप स्वयं किसी कंपनी के बारे में रिसर्च और विश्लेषण करें।

किसी के द्वारा मिली छोटी-छोटी सूचना पर भरोसा कर निवेश करना खतरनाक होता है, यह एक प्रकार से

जुए का ही एक रूप है। बेशक यह टिप्स भाग्य अच्छा होने पर बेहतर साबित होते हैं, लेकिन कई बार यह टिप्स बहुत दर्दनाक होते हैं। लेकिन यह टिप्स लंबे समय में सफलता के लिए आपको एक समझदार निवेशक नहीं बनाएंगे।

वैसे आपने देखा होगा कम से कम भारत में बिन मांगी सलाह और इलाज हर किसी के द्वारा बता दिया जाता है। इसीलिए सुनो सबकी, करो अपने मन की, पर विश्वास करना चाहिए।

अध्याय 8

मुश्किल से न घबराएं

❁ ❁ ❁

> कभी प्रयास किया। कभी फेल हुए। कोई बात नहीं। फिर से प्रयास करो। फिर से फेल हो। और अच्छे से फेल हो। **-सैम्युएल बेकेट**

सफलता पाना न तो उतना मुश्किल है और ना ही उतना आसान, जितना हम सोचते हैं। हर इंसान की पहली इच्छा यही होती है कि वह जल्द से जल्द सफल हो जाए ताकि उसकी जिंदगी अच्छे से कट सके। लेकिन कई बार जैसा हम सोचते हैं वैसा होता नहीं है और परिणाम काफी बुरा भी हो जाता है। शास्त्रों और अन्य कई सारी किताबों में सफल होने के कई सारे राज बताये गए हैं, जिनको सही तरीके से फॉलो करके कोई भी इंसान जल्द ही सफल हो सकता है, लेकिन हम इन सभी बातों पर ध्यान न देकर इधर-उधर की बातों में ज्यादा वक्त गंवा देते हैं और परिणाम में हमें असफलता हाथ आ जाती है।

लंबी-अवधि का निवेशक होने के नाते, जब आपके शेयर अल्प-अवधि के लिए भारी उतार-चढ़ाव के दौर से गुजरते हैं तो आपको आतंकित नहीं होना चाहिए। जब आप अपने निवेश की गतिविधियों पर नजर रखते हैं, तब आपको हमेशा एक बड़ी तस्वीर देखनी चाहिए। याद रहे कि अल्प अवधि में अपरिहार्य अस्थिरता के माहौल में घबराने की तुलना में आप अपने निवेश की गुणवत्ता पर विश्वास बनाए रखें। इसके साथ ही, कुछ प्रतिशत के अंतर को ज्यादा महत्त्व न दें, मार्केट ऑर्डर के विरुद्ध एक सीमा का उपयोग करने से आप इस परेशानी से बच सकते हैं। दिन-ब-दिन ही नहीं, बल्कि मिनट

दर मिनट होने वाला परिवर्तन एक्टिव ट्रेडर्स को लाभ कमाने की अनुमति देता है। लेकिन लंबी-अवधि वाले निवेशकों को यह लाभ बिल्कुल अलग मार्केट हलचल से प्राप्त होता है-ऐसा कई वर्षों में होता है- इसलिए अपने आप को शिक्षित करते रहिए। आज हम आपको कुछ ऐसी बातों को बताएंगे जिसे आपको अपनी लाइफ में कभी इग्नोर नहीं करना चाहिए।

- जिस काम में आप सबसे अच्छे हैं और जिसमें आप एक्सपर्ट हैं, वही काम आप करें और उसी को अपना गोल बनाएं। सफलता आपको अपना गोल बना लेगी।
- कुछ लोग किसी काम को करने में शुरुआत तो करते हैं, लेकिन बाद में मेहनत नहीं करने की वजह से असफल हो जाते हैं। इसलिए यदि आप भी कुछ ऐसा ही करते हैं तो खुद को जरूर सुधार लें, क्योंकि सफल होने के लिए मेहनत भी बहुत ही जरूरी है।
- नए विचार और नई योजना बनाने में कभी न घबराएं, बल्कि हर योजना को पूर्ण करने की कोशिश करें और उस पर अच्छे से काम करते चले जाएं।
- हमेशा सकारात्मक सोच रखें न कि नकारात्मक। नकारात्मक सोच रखने वाला व्यक्ति कभी सफल नहीं हो सकता, बल्कि वह और भी परेशानियों में घिर जाता है।
- सदैव अपनी अंतरात्मा की ही आवाज सुनें और उसी की मानें। दूसरे लोग तो गुमराह करने के लिए खड़े ही हैं, फिर दूसरों का क्यों सुनना।

यदि आप भी इन बातों को अमल में लाते हैं तो यकीनन आपकी सफलता तय है और आप जरूर सफल होंगे।

अध्याय 9

मूल्य आय अनुपात

❁ ❁ ❁

> जो हमें कड़े इम्तहान लगते हैं वो अक्सर छिपे हुए आशीर्वाद होते हैं। **–ऑस्कर वाइल्ड**

शेयर बाजार में मूल्य आय अनुपात का कम महत्त्व नहीं है, लेकिन एक निवेशक को इस पर सतर्क रूप से ध्यान देने की आवश्यकता है।

पी/ई अनुपात शेयर प्रति शेयर आय (ईपीएस) के लिए प्रति शेयर बाजार का अनुपात है। सर्वाधिक इस्तेमाल और स्वीकृत मूल्यांकन मैट्रिक्स में से एक, पी/ई अनुपात निवेशकों को एक कंपनी की वर्तमान प्रति शेयर की कीमत की तुलना में प्रति शेयर कमाता है। अंत में, यह मैट्रिक निवेशकों की मदद करने के लिए आदर्श है जो कंपनी की आय के लिए भुगतान करने के लिए बाजार को तैयार करता है, और इस प्रकार कंपनी की भविष्य की संभावनाओं पर बाजार की समग्र सहमति। उच्च पी/ई अनुपात मूल्य आमतौर पर संकेत मिलता है कि बाजार में शेयर की कीमतों में वृद्धि जारी रखने की उम्मीद है।

उच्च पी/ई अनुपात हमेशा सकारात्मक नहीं होते हैं, हालांकि उच्च अनुपात अत्यधिक आशावादी अनुमानों और शेयरों की इसी अवधि के अधिकतर परिणामस्वरूप हो सकते हैं। साथ ही, कमाई के आंकड़े हेर-फेर करना आसान है, क्योंकि यह अनुपात गैर नकद वस्तुओं को ध्यान में रखता है। इस प्रकार, कंपनी के एक अधिक पूर्ण और सटीक आंकलन प्राप्त करने के लिए ईवी/ईबीआईटीडीए जैसी मैट्रिक के साथ संयोजन में इस मैट्रिक का उपयोग करने के लिए अक्सर सलाह दी जाती है।

निवेशक अक्सर मूल्य आय अनुपात (पी/ई अनुपात) को बहुत अधिक महत्त्व देते हैं। क्योंकि यह कई विकल्पों के बीच अकेला महत्त्वपूर्ण उपकरण है। अकेले इस अनुपात की मदद से शेयर खरीदने और बेचने का निर्णय खतरनाक हो सकता है और इस पर आधारित निर्णय हमेशा सही नहीं होते हैं। पी/ई अनुपात के संदर्भ में व्याख्या भी होनी चाहिए और इसका उपयोग अन्य विश्लेषणात्मक प्रक्रिया के साथ संयोजन के रूप में प्रयोग किया जाना चाहिए। इसलिए कम पी/ई अनुपात का यह कतई मतलब नहीं है कि शेयर कमजोर है और न ही उच्च पी/ई अनुपात का यह मतलब है कि कंपनी बहुत अधिक ओवरवेल्यूड है।

मूल्य आय अनुपात भी शेयर बाजार में एक चमकीला और कभी-कभी बेहतर विकल्प नजर आता है। इसलिए एक सफल निवेशक को हमेशा अपने विवेक का प्रयोग करना चाहिए।

अध्याय 10

सस्ते स्टॉक से न ललचाएं

❀ ❀ ❀

आपका ऐटीट्यूड, ना कि आपका ऐप्टीट्यूड, आपका ऐल्टीट्यूड डिसाइड करेगा। -**जिग जिगलर**

एक कहावत हर किसी सफल निवेशक को हमेशा ध्यान में रखनी चाहिए, "सस्ता रोये बार-बार, महंगा रोये एक बार", लेकिन शेयर बाजार में भी यह कहावत कभी-कभी निवेशक के काम आ जाती है, क्योंकि अक्सर ऐसा देखा गया है कि सस्ते शेयर के चक्कर में निवेशक अपना पैसा डुबो देता है।

कभी-कभी भारतीय शेयर बाजार नई ऊंचाई पर पहुंच जाता है। सेंसेक्स नया हाई स्कोर बना लेता है। मार्केट एक्सपर्ट्स का कहना है कि बाजार में कभी-कभी 200 से 300 अंकों की तेजी आ सकती है। ऐसे में निवेशकों को चुनिंदा शेयरों में निवेश करने की सलाह दी जाती है। कोई यह भी कहता है कि इस दौर में छोटी रकम के साथ बेहतर शेयरों में निवेश करना सही तरीका है। ऐसे में एक्सपर्ट्स और ब्रोकरेज हाउस चुनिंदा 100 रुपए से कम कीमत वाले सस्ते स्टॉक्स में निवेश की सलाह दे देते हैं, जिसमें आगे 1 साल में 50 फीसदी रिटर्न मिलने की सम्भावना बताई जाती है।

मार्केट एक्सपर्ट्स मानते हैं कि निवेशकों को अपनी रकम एक स्टॉक में न रखकर कई स्टॉक्स में लगानी चाहिए। इसका मतलब है कि निवेशक छोटी यूनिट कॉस्ट के बेहतर स्टॉक्स में निवेश करें। 100 रुपए के कम के इन सभी स्टॉक्स में निवेशक बेहद छोटी रकम के साथ निवेश कर सकते हैं

और कई स्टॉक्स का एक बेहतर पोर्टफोलियो तैयार कर सकते हैं। इससे न केवल उनका जोखिम कम हो जाएगा, साथ ही स्टॉक्स में ग्रोथ का फायदा भी मिलेगा।

लेकिन यहां एक सामान्य गलत धारणा है कि सस्ते स्टॉक खरीदने से कम नुकसान होता है। लेकिन जब आप एक स्टॉक पांच रुपए में खरीदते हैं और यह गिरकर शून्य हो जाता है, इसके विपरीत यदि आप एक स्टॉक 75 रुपए में खरीदते हैं और उसके साथ भी ऐसा हो तो आप अपना प्रारंभिक निवेश 100 प्रतिशत तक गंवा देते हैं। एक घटिया ए 5 कंपनी एक घटिया एक 75 कंपनी की तुलना में ज्यादा जोखिम भरी हो सकती है। वास्तव में अधिक नियमों में बंधी उच्च शेयर मूल्य वाली एक कंपनी की तुलना में सस्ते स्टॉक वाली कंपनी के अधिक जोखिम भरे होने की संभावना अधिक होती है। एक निवेशक को ऐसे समय में अपने अनुभव और विवेक का इस्तेमाल करना चाहिए।

अध्याय 11

अपनी रणनीति पर डटे रहें

❁ ❁ ❁

> अगर आप अपने समय की कीमत नहीं समझेंगे, तो और लोग भी नहीं समझेंगे। अपने समय और प्रतिभा को बर्बाद करना रोकिये। जो आप जानते हैं, उसकी कद्र करिए और उसके लिए चार्ज करना शुरू करिए। -**किम गैस्ट**

किसी लक्ष्य की प्राप्ति के लिये बनायी गयी "कार्ययोजना" को सामान्य अर्थ में रणनीति कहते हैं। "रणनीतिक प्रबंध" का आशय मुख्य रूप से दो कार्यो से होता हैं- एक कार्ययोजना का निर्धारण और दूसरा कम्पनी संसाधनों का प्रयोग कर कार्ययोजना को लागू करना। ताकि कम्पनी के विकास, लाभदायकता, विस्तार तथा कम्पनी की सफलतापूर्वक उन्नति को सुनिश्चित किया जा सके। रणनीतिक प्रबंध एक ऐसी प्रकिया हैं, जिसका "नियोजन" उच्च प्रबंध द्वारा किया जाता हैं, जिसमें "संगठन के उद्देश्यों एवं लक्ष्यों को" निर्धारित किया जाता है ताकि वे निर्णय दीर्घकालीन लक्ष्यों एवं उद्देश्यों को प्राप्त करने में सहायक हो सकें एवं अल्पकाल में उनके लिए अनुकूल अवसर प्रदान कर सकें।

अलग-अलग लोग शेयर खरीदने और अपने निवेश लक्ष्य को पूरा करने के लिए अलग-अलग तरीके का उपयोग करते हैं। सफल होने के यहां कई रास्ते हैं और कोई भी रणनीति किसी दूसरे से बेहतर नहीं होती। हालांकि, यदि आप अपना कोई तरीका ईजाद करते हैं तो फिर उसी पर अडिग रहें। लगातार रणनीतियों को बदलते रहना आपको प्रभावी मार्केट

टाइमर बनाता है और अधिकांश निवेशकों को निश्चित रूप से इससे बचना चाहिए।

इसीलिए रणनीति महत्त्वपूर्ण है, क्योंकि इन लक्ष्यों को प्राप्त करने के लिए उपलब्ध संसाधन आमतौर पर सीमित होते हैं। रणनीति में आम तौर पर लक्ष्यों को निर्धारित करने, लक्ष्यों को प्राप्त करने के लिए कार्यों का निर्धारण करने और कार्यों को निष्पादित करने के लिए संसाधनों को एकत्रित करना शामिल है। एक रणनीति बताती है कि साधनों (संसाधनों) द्वारा अंत (लक्ष्य) कैसे प्राप्त किए जाएंगे। रणनीति का उद्देश्य या गतिविधि के पैटर्न के रूप में उभर सकता है, क्योंकि संगठन अपने पर्यावरण के अनुकूल है या प्रतिस्पर्धा करता है। इसमें रणनीतिक योजना और सामरिक सोच जैसी गतिविधियां शामिल हैं।

अध्याय 12

भविष्य पर ध्यान

❀❀❀

> सफल योद्धा औसत आदमी है जिसके पास लेजर जैसा फोकस है। -**ब्रूस ली**

व्यापार का भविष्य व्यापार शुरू करने वाले पर निर्भर करता है, और उस व्यापार पर निर्भर करता है, जो शुरू किया गया है। वैसे तो कहा जाता हैं, जैसा व्यापारी होता है, उसका व्यापार भी वैसा ही होता है। व्यापार करने के लिए एक व्यापारी की क्षमता के साथ-साथ उसके द्वारा शुरू किया गया व्यापार, पैसा, जगह ये सब भी निर्धारित होती है। क्योंकि केवल किसी व्यापार को शुरू करना ही जरूरी नहीं उसको चलाना भी जरूरी है।

निवेश के समय सबसे कठिन हिस्सा यह है कि हम निर्णय लेते समय हाल ही में घटित घटनाओं और सूचनाओं पर ध्यान केंद्रित करते हैं। यह ध्यान रखने की बात है कि हम पुराने डाटा का उपयोग आगे होने वाली घटनाओं का अंदाजा लगाने में करते हैं, भविष्य में क्या होगा यह हमारे लिए बहुत मायने रखता है।

अगर हम क्षमता की बात करें तो किसी भी व्यापार का भविष्य हमारी अपनी क्षमता पर आधारित होता है, क्योंकि वो व्यापार हम करते हैं, अपने दिमाग और अपनी समझदारी के आधार पर करते हैं, हमारे व्यापार का profit और loss दोनों हमें ही देखना होता है।

परन्तु अगर आप अपने शुरुआती दौर से देखें तो, पता चलेगा कि हमारी सफलता की क्षमता के हकदार हमारे माता-पिता, हमारे अच्छे सहयोगी,

हमारे अच्छे मित्र और कहीं न कहीं हमारे विरोधी पक्ष हैं, क्योंकि ये लोग हमें हमेशा कुछ न कुछ सिखाते ही रहते हैं।

मनुष्य का सफल बनना और उसका अच्छा व्यापार करना उसकी मेहनत पर निर्धारित होता है। जब भी मनुष्य किसी व्यापार को शुरू करता है, तो वो ज्यादा confident नहीं होता। व्यापार शुरू करते समय मनुष्य के मन में कई विचार आते हैं, और ये स्वाभाविक भी है। हमारे व्यापार की सफलता बेशक हमारी क्षमता पर ही निर्भर करती है। हमारे काम करने की लगन, हमारे सकारात्मक इरादे, और हमारे भविष्य को सफल बनाने का जज्बा ही हमारे काम को और हम को सफल बनाता है।

अध्याय 13

बड़े परिप्रेक्ष्य में सोचें

❁ ❁ ❁

> ऐसे जियो जैसे कि तुम कल मर जाओगे। ऐसे सीखो जैसे कि तुम हमेशा के लिए जिंदा रहोगे। **–महात्मा गाँधी**

एक पुरानी कहावत है: सबसे ताकतवर मछली वह है जो अपस्ट्रीम को तैरती है।

जब आप व्यावसायिक संदर्भ में खारिज हो जाते हैं, तो यह महसूस हो सकता है कि चीजें पूरी तरह से बंद हो गई हैं। लेकिन वास्तविकता में ये अस्वीकृति आपको कुछ के खिलाफ धक्का दे देती हैं। अस्वीकृति एक मजबूत अवसर बनने का भी अवसर है, जब ऐसा लगता है कि सब कुछ तुम्हारे खिलाफ काम कर रहा है। एक निवेशक के रूप में, आप वांछनीय और संभवत: अप्रत्याशित से कम सामना करने के लिए मजबूर हैं। इस तरह, आप लचीलेपन के साथ अस्वीकृति उपहार प्रदान करते हैं। और लचीलेपन यह है कि जो बिक्री पेशेवर दीर्घ अवधि और शीर्ष पर आने के लिए दृढ़ संकल्प देता है।

बड़े अल्प-कालिक लाभ उन निवेशकों को आकर्षित कर सकते हैं जो बाजार में नए हैं। लेकिन किसी भी निवेशक को लंबी-अवधि के निवेश का चुनाव करना चाहिए और चट मंगनी पट ब्याह जैसी रणनीति को दिमाग से निकाल देना चाहिए। इसका यह मतलब बिल्कुल नहीं है कि अल्प-अवधि में एक्टिवली ट्रेडिंग के जरिए लाभ नहीं कमाया जा सकता। लेकिन यहां हम पहले ही यह बात स्पष्ट कर चुके हैं कि बाजार से लाभ कमाने के लिए

निवेश और ट्रेडिंग दोनों ही अलग-अलग रास्ते हैं। ट्रेडिंग में अलग तरह के जोखिम होते हैं, जिसमें निवेशक को शेयर खरीदने और रखने के लिए किसी अनुभव की जरूरत नहीं होती। लेकिन एक्टिव ट्रेडिंग के लिए कुछ खास कौशल की आवश्यकता होती है।

किसी एक की निवेश स्टाइल दूसरे से बेहतर हो यह जरूरी नहीं। दोनों के अपने पक्ष-विपक्ष होते हैं। उपयुक्त समय, वित्तीय संशाधन, शिक्षा और इच्छा के अभाव में यह एक्टिव ट्रेडिंग किसी के लिए गलत भी हो सकती है। इसलिए अपने आप को भ्रमित न होने दें। पहले यह तय करें कि आप एक ट्रेडर बनना चाहते हैं या फिर एक निवेशक और फिर इसके बाद निवेश की समयावधि तय करें। पहले एक चीज तय करें तब उसके बाद उपयुक्त निर्णय लें।

किसी भी निवेशक के सफल होने का सबसे पहला सूत्र है कि वो बड़े परिप्रेक्ष्य के बारे में सोचें ताकि अधिक से अधिक लक्ष्य को पाया जा सके।

अध्याय 14

खुले दिमाग से काम करें

❀ ❀ ❀

किसी भी चीज से बढ़कर, तैयारी सफलता की कुंजी है।
-एलेग्जेंडर ग्रैहम बेल

हमारी अंगुलियां कैसे हिलती हैं, हम सोचते कैसे हैं, सपने क्यों आते हैं, हमारा शरीर कौन चलाता है? जब इन बातों पर विचार किया जाता है तो एक ही जवाब सामने आता है, 'दिमाग'। जिंदगी की तरक्की का रास्ता शरीर और दिल से होकर उतना नहीं गुजरता, जितना कि दिमाग से होकर गुजरता है। हमारा दिल हमारे जीने के काम आता है। जिंदगी में रस घोलने का काम हमारा दिल करता है, लेकिन जब जिंदगी में आगे बढ़ने की बात आती है, कुछ नया कर डालने की बात आती है तो उस समय हम सभी को अपने दिमाग का ही साथ लेना पड़ता है।

आप अपने आसपास के सामान्य से सामान्य उस व्यक्ति को देखिए, जिस पर आपको दया आ रही है। आप उस व्यक्ति को देखिए, जिसके बारे में आपको लगता है कि इसे यह काम न करके कोई दूसरा बड़ा और अच्छा काम करना चाहिए। आप उसे पिछले दस साल से ऐसा ही करता हुआ देख रहे हैं और विश्वास कीजिए कि आने वाले दस सालों तक वह वैसा ही करता रहेगा।

कई बड़ी कंपनियों के घरेलू नाम हैं, लेकिन कई अच्छे निवेश के घरेलू नाम नहीं हैं। हजारों छोटी कंपनियों के पास भविष्य में बड़ी ब्लू चिप कंपनी बनने की क्षमता है। यहां आपको यह कतई सुझाव नहीं दिया जा रहा है

कि आपको अपने पूरे पोर्टफोलियो में स्माल कैप स्टॉक को शामिल करना चाहिए। बल्कि यह समझें कि यहां कई ऐसी अच्छी कंपनियां हैं जो सेंसेक्स या निफ्टी से बाहर हैं, इस तरह कम ज्ञात कंपनियों की उपेक्षा की जाती है और ठीक इसी प्रकार आप भी कुछ बड़ी लाभ प्रदाता कंपनियों की उपेक्षा कर सकते हैं।

मेरे कहने का मतलब केवल यही है कि केवल बीतता हुआ समय आपको तरक्की नहीं दे सकता। मेरे कहने का मतलब यह है कि केवल किया जाने वाला काम ही आपको तरक्की नहीं दे सकता। आपकी तरक्की तभी होगी, जब आप अपनी कीमत को बढ़ाएँगे और आपकी यह कीमत तब बढ़ेगी, जब आप अपने दिमाग को खुला रखकर उसमें नई-नई बातों को प्रवेश करने की इजाजत देंगे।

अध्याय 15

चिंता छोड़ो

❁ ❁ ❁

सफलता तक जाने वाला मार्ग हमेशा अंडर कंस्ट्रक्शन होता है।
-लिली टॉमलिन

किसी महान लेखक ने कहा है कि "चिंता से तो काम बिगड़ता है। जो चिंता है वह काम को सौ प्रतिशत के बजाय सत्तर प्रतिशत कर देती है। चिंता काम को ऑब्स्ट्रक्ट (विघ्न डालना) करती है। यदि चिंता नहीं हो, तो बहुत सुंदर परिणाम आएगा।

जैसे कि 'हम मरने वाले हैं', ऐसा जानते सभी हैं। लेकिन जब मृत्यु याद आती है, तब क्या करते हैं लोग? याद आए, तब क्या करते हैं? उसे धक्का मार देते हैं। हमें कुछ हो जाएगा तो, ऐसा याद आते ही धक्का मार देते हैं। उसी प्रकार जब अंदर चिंता होने लगे, तब धक्का मार देना कि यहाँ नहीं भाई!

चिंता से हमेशा सब बिगड़ता है। चिंता मे यदि मोटर चलाओगे तो टकरा जाएगी। चिंता से व्यापार करें, वहाँ काम उलट देता है। चिंता से यह सब बिगड़ा है, संसार में।

चिंता करने जैसा संसार है ही नहीं। इस संसार में चिंता करना, वह बेस्ट फूलिशनेस है। संसार चिंता करने के लिए है ही नहीं। यह इट सेल्फ क्रिएशन है। भगवान ने यह क्रिएशन नहीं किया है। इसलिए चिंता करने के लिए यह क्रिएशन नहीं है। ये मनुष्य सिर्फ चिंता ही करते हैं, अन्य कोई जीव चिंता नहीं करते। अन्य चौरासी लाख योनियाँ हैं, लेकिन कोई चिंता-वरीज नहीं

करता। ये मनुष्य नामक जीव जरूरत से ज्यादा अक्ल वाले हैं, वे ही सारा दिन चिंता में जलते रहते हैं।"

आप कर के बारे में चिंतित हैं, लेकिन इसकी चिंता न करें। करों को सबसे ऊपर रखना एक खतरनाक रणनीति है, यह निवेशक को गरीब और गुमराह करने का कारण बन सकता है। हां, कर निहितार्थ महत्त्वपूर्ण है, लेकिन यह चिंता का द्वितीय विषय है। निवेश में प्राथमिक लक्ष्य विकास और धन की रक्षा है। आपको अपने द्वारा चुकाये जाने वाले कर को कम करने और कर-पश्चात रिटर्न को बढ़ाने के लिए हमेशा प्रयास करना चाहिए। लेकिन यह स्थितियां बहुत कम होती हैं और आप जब निवेश निर्णय करते हैं तो कर मामले को सबसे ऊपर रखेंगे। कुछ कर बचाने की कोशिश में आप शेयर को होल्ड कर रखते हैं (निम्न कर दर का लाभ लेने के लिए) इसके परिणामस्वरूप आपका लाभ कम हो जाता है।

इसलिए दोस्तों सोचने में नुकसान नहीं है, लेकिन जब सोचने का सिलसिला हद से आगे बढ़ता है, तब चिंता शुरू हो जाती है। जब ऐसा होने लगे तो सोचना बंद कर दें। एक सफल निवेशक इन सब बैटन से बाहर आकर ही सफलता की सीढ़ियां चढ़ता है।

अध्याय 16

निवेश का जुनून

❀❀❀

> हर एक महान स्वप्न एक स्वप्नकर्ता के साथ शुरू होता है। हमेशा याद रखो, तुम्हारे अन्दर वो ताकत, वो धैर्य और वो जूनून है कि तुम तारों को छू सको, दुनिया को बदल सको। **-हैरियट टबमैन**

किसी भी क्षेत्र में- चाहे कोई महान फुटबॉलर हो या महान कलाकार, महान अभिनेता हो या संगीतकार- मेरा मानना है कि इंसान की सफलता में अस्सी प्रतिशत योगदान उसकी कोशिशों का और बीस प्रतिशत योगदान उसकी प्रतिभा का होता है। दुनिया में ऐसे बहुत ही कम लोग होते हैं, जिनमें विशुद्ध रूप से असाधारण प्रतिभा होती है, बाकी सभी लोग घंटों तक मेहनत करते हैं। विश्व स्तरीय खिलाड़ी बनने के लिए किसी फुटबॉलर को हजारों घंटों का अभ्यास करना पड़ता है। विश्व कप में एक गोल मारने के लिए खिलाड़ी को रोज सालों तक लगातार कम से कम चार से छह घंटे तक बॉल को मारने का अभ्यास करना पड़ता है।

क्या आप अपने पसंदीदा निवेशकों जैसे कि वारेन बुफेट, चार्ली मुंगेर या फिर पीटर लिंच आदि जैसा बनना चाहते हैं। क्या आपने कभी सोचा है कि इन महान निवेशकों में ऐसी क्या विशेषताएं हैं जो इनको बाकियों से अलग बनाती हैं।

इनके चर्चा करते ही सबसे पहली चीज जो हमारे दिमाग में आती है कि ये सब के सब स्टॉक ढूंढने में माहिर हैं और इन्होंने बीते कुछ वर्षों में काफी पैसे भी बनाए हैं।

निवेश एक लम्बे समय तक खेले जाने वाला खेल है और इसके लिए काफी मेहनत और जुनून की जरूरत है। सामान्य निवेशक अक्सर छोटी अवधि का सोचते हैं। वहीं दूसरी तरफ सफल निवेशक अक्सर लम्बी अवधि का सोचते हैं और धैर्यपूर्वक इंतजार करते हैं, जब तक यह अपने लक्ष्य तक ना पहुंच जायें। लम्बे समय तक बने रहने पर इन्हें compounding का भी अत्यधिक लाभ होता है।

किसी ने सही कहा है- "यदि आपको एक खेल खेलना हो तो ऐसा खेल चुनें जिसे आप पूरे जीवन खेल सकें और निवेश ऐसा ही एक खेल है।"

इंसान के जीवन में मौका आता है या नहीं, यह दुनिया की बहुत सारी हकीकतों पर निर्भर (डिपेंड) करता है। अगर आपके सामने मौका आता है तो सवाल उठता है कि क्या आप इसके लिए तैयार हैं? सफलता और असफलता के बीच में यही फर्क है। अगर आप सफल होना चाहते हैं तो आप में जुनून और कोशिश करने की इच्छा होनी चाहिए। अगर किसी व्यक्ति में जीवन को लेकर जुनून है, तो उसके पास कभी खाली वक्त नहीं रहेगा। सफलता किसी एक खास नतीजे तक पहुंचने में नहीं है, बल्कि वास्तव में आपके लिए जो मायने रखता है, उस दिशा में लगातार और खुशी के साथ की गई कोशिश में ही है।

अध्याय 17

धैर्यवान निवेशक

❁ ❁ ❁

> मैं देखता हूँ कि जितनी अधिक मैं मेहनत करता हूँ, उतना अधिक मेरा भाग्य मेरे साथ होता है। **–थॉमस जेफरसन**

धैर्य कठिन परिस्थितियों में व्यक्ति की सहनशीलता की अवस्था है जो उसके व्यवहार को क्रोध या खीझ जैसी नकारात्मक अभिवृत्तियों से बचाती है। दीर्घकालीन समस्याओं से घिरे होने के कारण व्यक्ति जो दबाव या तनाव अनुभव करने लगता है उसको सहन कर सकने की क्षमता भी धैर्य का एक उदाहरण है। वस्तुतः धैर्य नकारात्मकता से पूर्व सहनशीलता का एक स्तर है। यह व्यक्ति की चारित्रिक दृढ़ता का परिचायक भी है।

धैर्य सफल निवेशकों की एक बहुत महत्त्वपूर्ण विशेषता है। ये जब भी किसी कंपनी में निवेश का सोचते हैं तो इनका लक्ष्य तुरंत पैसे कमाना नहीं, बल्कि ये लम्बी अवधि का सोचते हैं। इनके कुछ निवेश कई वर्षों तक जरा भी नहीं चलते परन्तु यह समय घबराने का नहीं, बल्कि धैर्य बनाये रखने का है, यदि आपको अपने विश्लेषण पर पूरा भरोसा हो।

चार्ली मुंगेर ने कहा है–बड़ा पैसा खरीदने या बेचने में नहीं, बल्कि इंतजार में है।

ध्यान रखें कि आपकी यह अधीरता, आपको इससे कुछ सीखने का मौका भी देती है और शायद इसके जरिए आप के रिश्तों की सच्चाई भी सामने आ सकती हैं या कुछ ऐसी परिस्थितियाँ सामने आतीं हैं जो शायद आप के लिए सही ना हों, लेकिन आप के अंदर इन्हें बदलने की ताकत हो।

इन सभी परिस्थितियों का आंकलन करें, और आप खुद ही समझ जाएँगे कि इस तरह से अधीर होना आप के लिए कितना मददगार रहा। ऐसा हमेशा ही नहीं होता, लेकिन जब कभी भी ऐसा कुछ होता है, तो इसका आँकलन कर के आप को इस समस्या की जड़ को हटाना है या फिर इस के कारण तनाव में चले जाना है, निर्धारित करने में मदद मिलती है।

सभी ने खरगोश और कछुए की दौड़ की कहानी सुनी है। उसके मूल में एक बात है, जो एक निवेशक के अन्दर होनी चाहिए। कछुआ दौड़ क्यों जीता? इसलिए नहीं कि उसने दौड़ में मेहनत की, बल्कि अपने धैर्य को उसने कभी कम नहीं होने दिया। धैर्य एक सफल निवेशक का अन्तर्निहित गुण है।

अध्याय 18

भावनात्मक नियंत्रण

❁ ❁ ❁

अगर आप खुद अपना लाइफ प्लान डिजाईन नहीं करते तो संभव है कि आप किसी और के प्लान का हिस्सा बन जायेंगे। और गेस कीजिये उन्होंने आपके लिए क्या प्लान किया है? ज्यादा कुछ नहीं। -**जिम रौन**

क्या कभी-कभी आपको अपनी भावनाओं पर काबू पाना मुश्किल लगता है? क्या आप जरा-जरा सी बात पर बुरा मान जाते हैं, भड़क उठते या निराश हो जाते हैं? क्या जिंदगी की चिंताएं आप पर इस कदर हावी हो जाती हैं कि आप बिल्कुल लाचार महसूस करते हैं? ऐसे में जरूरी है, भावनाओं पर काबू करना।

शेयर बाजार में भावनायें एक अहम भूमिका निभाती हैं। बाजार ज्यादातर दो भावनात्मक कारक डर और लालच से प्रेरित होता है। आम निवेशक अक्सर इन भावनाओं के आधार पर निवेश करते हैं, वहीं बड़े निवेशकों का भावनाओं पर अच्छा नियंत्रण होता है।

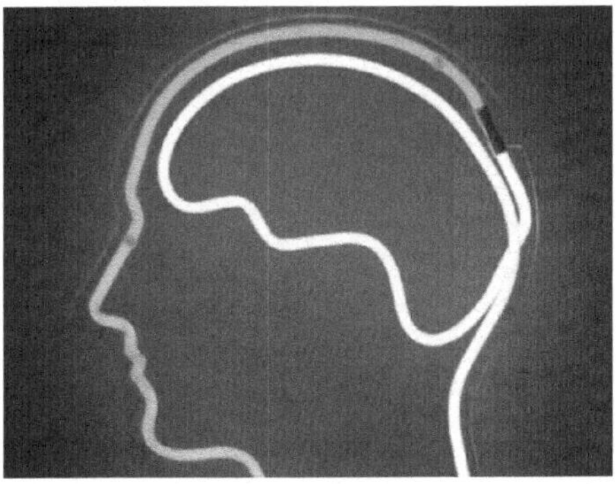

ये बाजार के पंडितों तथा वित्तीय सलाहकारों को सुनकर नहीं, बल्कि स्वयं विश्लेषण करके निवेश करते हैं।

असल जिंदगी में भावनाओं पर काबू इतना आसान नहीं होता, लेकिन मन के भावों की अभिव्यक्ति के लिए सही जगह और माहौल भी जरूरी है। कभी-कभी हम अपनी भावनाओं पर नियंत्रण नहीं रख पाते, जिससे अपने लिए मुश्किल भी खड़ी कर लेते हैं। भावनाओं पर काबू करना अपने आप में एक कला होती है। सही जगह पर अपनी भावनाओं को जाहिर करने से आपकी भावनाएं उपेक्षित होती हैं और आपकी भावनाओं की कद्र भी की जाती है।

अध्याय 19

अपने लक्ष्य से न भटकें

❁ ❁ ❁

> हार के डर को जीत के रोमांच से बड़ा मत होने दीजिये।
> **-रॉबर्ट कियोसाकी**

अपने लक्ष्य को प्राप्त करने के लिए प्रत्येक प्राणी को अपने लक्ष्य पर ध्यान केन्द्रित करना पड़ता है। ध्यान चेतन मन की एक प्रक्रिया है, जिसमें व्यक्ति अपनी चेतना बाह्य जगत् के किसी चुने हुए दायरे अथवा स्थल विशेष पर केंद्रित करता है। यह अंग्रेजी 'अटेंशन' के पर्याय रूप में प्रचलित है। हिंदी में इसके साथ 'देना', 'हटाना', 'रखना' आदि सकर्मक क्रियाओं का प्रयोग, इसमें व्यक्तिगत प्रयत्न की अनिवार्यता सिद्ध करता है। ध्यान द्वारा हम चुने हुए विषय की स्पष्टता एवं तद्रूपता सहित मानसिक धरातल पर लाते हैं।

ध्यान का लक्ष्य एकाग्रता और मन की शान्ति को प्राप्त करना है, और इस प्रकार अंततः इसका उद्देश्य आत्म-चेतना और आंतरिक शांति के एक ऊँचे स्तर पर चढ़ना है। यह जानकारी आपके लिए कुछ आश्चर्यजनक होगी कि ध्यान आप कहीं भी और किसी भी समय कर सकते हैं, अपने आपको शांति तथा सौम्यता की ओर पहुंचा सकते हैं, इस दौरान इस बात से कोई फर्क नहीं पड़ता कि आपके आसपास क्या हो रहा है। यह लेख ध्यान की मूल बातों से परिचय कराते हुए ज्ञान और सुख की ओर यात्रा शुरू करने में आपको सक्षम बनाएगा।

किसी भी क्षेत्र में फोकस का होना बहुत ही महत्त्वपूर्ण है। चाहे वह वित्तीय बाजार हो या फिर निजी जीवन। सफल निवेशक वही है जो कि यहाँ

वहां की बातों से विचलित हुए बिना फोकस के साथ अपने विश्लेषण पर ध्यान दे और उस पर अपना भरोसा और धैर्य बनाये रखे।

कभी डर में मत लिपटे रहिए। इसके स्थान पर, जो चरण आपके सम्मुख है उस पर ध्यान केन्द्रित करिए और अपना काम पूरा करिए। और तब अगले कदम की ओर बढ़िए। सकारात्मक विचार रखिए और अच्छा परिणाम प्राप्त करने के लिए प्रतिबद्ध रहिए।

आपने बगुले के बारे में सुना होगा। वह अपने शिकार यानी मछली को पकड़ने के लिए घंटों एक पैर पर खड़ा होकर अपने लक्ष्यपूर्ति के ध्यान-भजन में रहता है। यही ध्यान उसे अपने लक्ष्य की पूर्ति में सहायक होता है। एक सफल निवेशक में यह गुण उसकी सफलता को शत-प्रतिशत सुनिश्चित कर देता है।

अध्याय 20

जोखिम में सफलता

❀ ❀ ❀

> सफलता छोटे-छोटे प्रयत्नों का जोड़ है,
> जो दिन-रात दोहराए जाते हैं। **-रॉबर्ट कोलियर**

किसी ने ठीक ही कहा है, जहां जोखिम नहीं होता वहां कम से कम व्यापार और निवेश तो नहीं हो सकता। जितना बड़ा जोखिम उतना ज्यादा मुनाफा।

जोखिम किसी मूल्य की चीज को पाने या खोने की सम्भावना को कहते हैं। जोखिम के कार्यों और प्रक्रियाओं में अनिश्चितता का तत्व उपस्थित होता है। जोखिम एक विस्तृत अवधारणा है जिसका विभिन्न परस्थितियों में विभिन्न प्रकार से विश्लेषण व प्रबंधन किया जाता है।

जीवन में हर चीज में ही जोखिम है। सफल निवेशक यह समझते हैं कि जोखिम में सफलता और विफलता की संभावना 50-50 प्रतिशत होती है।

वित्तीय निवेश में जोखिम का बहुत महत्त्व है। निवेश की परिभाषा ही है कि भविष्य के धन के लिए वर्तमान धन का त्याग। ऐसे में भविष्य में धन वापिस मिलेगा या नहीं, यह एक जोखिम है। निवेश दो प्रकार का होता है, जोखिम रहित - जिनमें भविष्यधन प्राप्ति की संभावना पूरी है जैसे कि सरकारी प्रतिभूतियाँ, और जोखिम सहित जिनमें भविष्यधन प्राप्ति में संशय हो सकता है जैसे कि शेयर आदि। वित्त बाजार का मूल मंत्र ही है अधिक जोखिम अधिक लाभ। बीमा क्षेत्र संपूर्णतया जोखिम की संभावनाओं पर ही

आधारित है। जोखिम को कम से कम रखते हुए लाभ को अधिक से अधिक करने का प्रयास ही वित्त व्यवसाय का आधार है।

पोर्टफोलियो विविधीकरण के माध्यम से मार्केट जोखिम को कम नहीं किया जा सकता। हालांकि, एक निवेशक व्यवस्थित जोखिम से बचाव कर सकता है। एक GST एक परिसंपत्ति में जोखिम को कम करने के लिए इस्तेमाल किया गया एक ऑफसेटिंग निवेश है। उदाहरण के लिए, मान लीजिए कि निवेशक एक वैश्विक मंदी से आशंकित है जो सकल घरेलू उत्पाद विकास में कमजोरी के कारण अगले छह महीनों में अर्थव्यवस्था को प्रभावित करता है। निवेशक लंबे समय से कई स्टॉक है और बाजार में डाल विकल्प खरीदने से कुछ जोखिम को कम कर सकता है।

जोखिम व्यक्ति और उसके समय-काल पर भी निर्भर करते हैं। इसलिए प्रत्येक निवेशक को जोखिम उठाने से पहले पूरी तैयारी करने की जरूरत होती है।

अध्याय 21

निवेशक और अनुशासन

❀ ❀ ❀

बहुत बड़ी सफलता सबसे बड़ा बदला है। **-फ्रैंक सिनाट्रा**

सेल्फ डिसिप्लिन ही एक ऐसी चीज है, जिसके द्वारा आदमी जीवन में बड़ी से बड़ी परेशानी और दिक्कतों को दूर कर सकता है अथवा अगर जीवन में उसे कोई सफलता प्राप्त करनी है या कोई ऐसा काम करना है जो वह अपने जीवन का लक्ष्य बनाए हुए है तो बिना सेल्फ डिसिप्लिन के यह काम करना थोड़ा-सा मुश्किल है।

अनुशासन और धैर्य किसी भी निवेशक के लिए महत्त्वपूर्ण विशेषताएं हैं। जब हम किसी भी निवेशक के अनुभव के बारे में बात करते हैं, तो उससे हमारा तात्पर्य उनके द्वारा की गई गलतियां, हासिल की गयी उपलब्धियों और किये गए विभिन्न परीक्षणों से है। एक निवेशक अपने जीवन में कभी सफल नहीं हो सकता यदि उसने अपने जीवन में कोई गलती नहीं की हो।

जब आप अपने आप को अनुशासित करना शुरु करते हैं

तो आपके सामने बहुत सारे चैलेंज आते हैं, किन्तु आपको यह चैलेंज स्वीकार करने हैं और इनका पूरी तरीके से सामना करना है और इनसे पीछा छुड़ाकर नहीं भागना, इनका सामना करें और इनके समाधान ढूंढो।

क्योंकि अगर आपने इन से पीछा छुड़ा लिया और इनका कोई समाधान नहीं ढूंढा तो यह आपको आज नहीं तो कल फिर से परेशान करेंगे और आपको अनुशासित नहीं रहने देंगे। इसीलिए सेल्फ डिसिप्लिन रहने का सबसे अच्छा तरीका है। चैलेंज को स्वीकार कीजिए और उनके समाधान ढूंढिए।

अध्याय 22

अपनी गलतियों से सीखें

❁ ❁ ❁

सोचने-समझने में समय लें; लेकिन जब कार्रवाई का समय आए तो सोचना बंद करें और काम शुरू करें।
–नेपोलियन बोनापार्ट

दूसरों के गुणों से सीखो, और अपनी गलतियों से सीखो। ऐसा कोई नहीं है, जिससे गलती न हो। अगर आप से कोई गलती नहीं हुई है तो आपने कुछ नया करने की कोशिश नहीं की है। कोई भी सफल व्यक्ति शुरुआत से ही हर समय सही नहीं रहा है। हर सफल व्यक्ति से गलती हुई है और वो इसलिए सफल हैं क्योंकि उन्होंने अपनी गलतियों से सीखा है।

आपका हर असफल प्रयास (Mistakes) आपको एक इम्पोरटेंट एक्सपीरियंस देकर जाता है। गलती करने पर हम उदास होते हैं, पर वास्तव में हम उस Mistake से सीख लेते हैं तो यह हमारे लिए एक उपहार जैसा हो जाता है।

जोखिम के खेल में गलतियों के होने की संभावना काफी ज्यादा होती है। गलती किये बिना सफल निवेशक होना लगभग नामुमकिन है। यह निवेशक अपनी गलतियों से हतोत्साहित हुए बिना उन्हें कुछ नई चीजों को सीखने के अवसर के रूप में देखते हैं।

रिचर्ड ब्रेनसन का कहना है, "आप हमेशा नियमों का पालन करके चलना नहीं सीखते। आप कर के सीखते हैं, और गिरने से सीखते हैं।"

गलतियों से सीखना एक बहुत बड़ा अनुभव है, यदि आप एक बार गलती करते हैं तो आप सचेत रह सकते हैं कि आपसे इस तरह की गलती दुबारा न हो। आपकी सोच को भी प्रोत्साहन मिलता है। आपके सोचने का दायरा बढ़ जाता है। आप सोच सकते हैं कि यह गलती क्यों हुई और अब क्यों नहीं होगी।

अध्याय 23

हमेशा सक्रिय शिक्षार्थी रहें

❁ ❁ ❁

> आज से बीस साल बाद आप उन चीजों से ज्यादा निराश होंगे जो आपने नहीं की, बजाये कि उन चीजों से जो आपने की। एक्सप्लोर, ड्रीम, डिस्कवर। **-मार्क ट्वेन**

सीखना एक व्यापक सतत् एवं जीवन पर्यन्त चलने वाली महत्त्वपूर्ण प्रक्रिया है। मनुष्य जन्म के उपरांत ही सीखना प्रारंभ कर देता है और जीवन भर कुछ न कुछ सीखता रहता है। धीरे-धीरे वह अपने को वातावरण से समायोजित करने का प्रयत्न करता है। इस समायोजन के दौरान वह अपने अनुभवों से अधिक लाभ उठाने का प्रयास करता है। इस प्रक्रिया को मनोविज्ञान में सीखना कहते हैं। जिस व्यक्ति में सीखने की जितनी अधिक शक्ति होती है, उतना ही उसके जीवन का विकास होता है। सीखने की प्रक्रिया में व्यक्ति अनेक क्रियाएें एवं उपक्रियाएें करता है। अतः सीखना किसी स्थिति के प्रति सक्रिय प्रतिक्रिया है।

उदाहरणार्थ - छोटे बालक के सामने जलता दीपक ले जाने पर वह दीपक की लौ को पकड़ने का प्रयास करता है। इस प्रयास में उसका हाथ जलने लगता है। वह हाथ को पीछे खींच लेता है। पुनः जब कभी उसके सामने दीपक लाया जाता है तो वह अपने पूर्व अनुभव के आधार पर लौ पकड़ने के लिए, हाथ नहीं बढ़ाता है, वरन् उससे दूर हो जाता है। इसी विचार को स्थिति के प्रति प्रतिक्रिया करना कहते हैं। दूसरे शब्दों में कह सकते हैं कि अनुभव के आधार पर बालक के स्वाभाविक व्यवहार में परिवर्तन हो जाता है।

सफल निवेशकों की एक बहुत महत्त्वपूर्ण विशेषताओं में से एक यह है कि वे सक्रिय शिक्षार्थी (प्रोएक्टिव लर्नर्स) हैं। ये ज्यादातर समय पढ़ने में व्यतीत करते हैं, एक सामान्य निवेशक के मुकाबले। वे किताब, पत्रिकाओं, वार्षिक विवरण, आदि पढ़ते हैं और सेमिनारों में भाग लेते हैं, ज्ञान हासिल करने के मकसद से और स्वयं के व्यक्तित्व विकास के लिए। "अमीर समय में निवेश करते हैं, वही गरीब पैसे में।"

स्पष्ट है कि सीखने के कारण व्यक्ति के व्यवहार में परिवर्तन आता है, व्यवहार में यह परिवर्तन बाह्य एवं आंतरिक दोनों ही प्रकार का हो सकता है। अतः सीखना एक प्रक्रिया है जिसमें अनुभव एवं प्रशिक्षण द्वारा व्यवहार में, स्थायी या अस्थाई परिवर्तन दिखाई देता है।

अध्याय 24

मूल्य को समझें

✿ ✿ ✿

एक विचार लो। उस विचार को अपना जीवन बना लो - उसके बारे में सोचो, उसके सपने देखो, उस विचार को जियो। अपने मस्तिष्क, मांसपेशियों, नसों, शरीर के हर हिस्से को उस विचार में डूब जाने दो, और बाकी सभी विचार को किनारे रख दो। यही सफल होने का तरीका है। **–स्वामी विवेकानंद**

अगर मनुष्य को खुद पर भरोसा हो, उसकी इच्छाशक्ति दृढ़ हो, तो वह न केवल अपनी राह में आने वाली सभी बाधाओं को दूर कर लेता है, बल्कि दृढ़ विश्वास के बल पर हर वह सफलता हासिल कर लेता है, जो दूसरों को नहीं मिलती है। सफलता प्राप्त करने के लिए जरूरी है कर्मनिष्ठ साधना और ध्येय के प्रति निष्ठा, इनके बिना कोई भी सार्थक सृजन संभव नहीं। पर कोई काम शुरू करने से पहले उसकी दिशा तय करना बेहद जरूरी है। यह दिशा तय होती है विचारों से। ध्यान रहे कि विचारों की अपनी शक्ति होती है। विचार के प्रकाश में ही कर्म की यात्रा शुरू होती है और किसी सार्थक मुकाम तक पहुंचती है।

निवेशक भाव से ज्यादा महत्त्व मूल्य को देते हैं। शेयर का भाव अक्सर ट्रेडर्स द्वारा देखा जाता है। सफल निवेशक अक्सर आंतरिक मूल्य (इन्ट्रिंसिक वैल्यू) की गणना करते हैं जो भविष्य की फ्री कैश फ्लो का वर्तमान मूल्य है। यह शेयर्स, बांड्स रियल एस्टेट के लिए जायज है। निवेशक के लिए शेयर के आंतरिक मूल्य (इन्ट्रिंसिक वैल्यू) की गणना करना बहुत ही मुश्किल भरा काम है, परन्तु इससे हमें कंपनी के सही मूल्य का ज्ञान होता है।

यह महत्त्वपूर्ण विशेषताएं ज्यादातर सफल निवेशकों में देखी जाती हैं और यदि आप भी उसी समूह में शामिल होना चाहते हो तो इन विशेषताओं को विकसित करना काफी आवश्यक है। स्वयं में भरोसा रखिए और इन सब बातों का पालन कीजिये, आप जरूर सफल निवेशक बन सकते हैं।

अध्याय 25

शेयर बाजार : कारोबारी या निवेशक

❁ ❁ ❁

> धैर्य, दृढ़ता, और पसीना सफलता के लिए
> एक अपराजेय मिश्रण हैं। **-नेपोलियन हिल**

शेयर बाजार में आम तौर पर यह धारणा बनी रहती है कि हम तो सिर्फ एक निवेशक हैं जो शेयर के हिस्से बेचते हैं। यह कोई ज्यादा आदर्श स्थिति नहीं है। एक सफल निवेशक बनने के बहुत से गुण होना जरूरी है, जिसमें से कारोबारी का गुण भी बहुत महत्त्वपूर्ण होता है।

अच्छा कारोबारी बनने के लिए स्थिति के अनुसार फैसले लेने का गुण जरूरी है। सही फैसला लेना किसी को सिखाया नहीं जा सकता है। लेकिन, इसी से पता चल सकता है कि कोई व्यक्ति कितना जोखिम उठाना चाहता है। अगर आप सफल कारोबारियों के काम करने के तरीके को ध्यान से परखेंगे, तो आपको पता चलेगा कि वक्त के साथ-साथ ये कारोबारी आंकड़ों पर कम और अपने विचारों पर ज्यादा भरोसा करते जाते हैं। सफल कारोबारी बनने के लिए फैसले से जुड़े जोखिम को समझना जरूरी है। कारोबारियों की सफलता का 80 फीसदी हिस्सा जोखिम के मूल्याकंन से आता है।

हर निवेशक को अपनी खुद की निवेश रणनीति बनानी चाहिए। शेयर बाजार में निवेश करने के लिए लिखित नियम नहीं हैं। आपके लिए जो कामयाब तरीका रहे, उसे ही अपनी रणनीति बनाना चाहिए।

फंडामेंटल और तकनीकी विश्लेषण में से एक का चुनाव नहीं किया जा सकता है। अगर किसी निवेशक की दिलचस्पी कंपनी के आंकड़ों, ईपीएस वगैरा में है, तो वो फंडामेंटल की ओर बढ़ सकता है। वैसे ही, जिन्हें अंदाजा लगाने का गुर हासिल होता है, वो तकनीकी विश्लेषण में दिलचस्पी लेने

लगते हैं। लेकिन, जरूरी ये है कि आप जिस किसी तरीके का इस्तेमाल करें, वो आपके लिए आसान और फायदेमंद हो।

लेकिन, ये काफी मुश्किल है। शेयर बाजार में कारोबार करने के लिए और निवेश करने के लिए अलग-अलग रणनीति की जरूरत होती है। चाहे आपकी जो चाहें उम्मीदें रही हों, आखिर में शेयर बाजार ही सही और गलत का फैसला लेता है। लेकिन, कई ऐसे भी कारोबारी होते हैं, जो किसी शेयर के मूल्यांकन के आधार पर शेयर को ओवर या अंडरवैल्यूड कहते हैं। मेरे लिए जो बाजार का भाव है, वही सही है। छोटी अवधि में मुनाफा कमाने के लिए कंपनी की वैल्यूएशन के बारे में सोचना ठीक नहीं है।

अपने फैसले को गलत मानना ही अपने आप में बड़ी चुनौती है। शेयर बाजार में पैसा कमाने के साथ अहं भी जुड़ा होता है। लेकिन, ये याद रखना जरूरी है कि हम हमेशा सही नहीं हो सकते हैं। ऐसे में, गलती से सीख लेकर आगे बढ़ जाना चाहिए। एवरेजिंग में विश्वास नहीं। अगर कोई शेयर खरीदना है और फिर शेयर का भाव गिरने लगता है, तब भी एवरेजिंग नहीं करनी चाहिए।

एक निवेशक को रणनीति बना लेनी चाहिए। आपको पता होना चाहिए कि क्या आप छोटी अवधि में मुनाफा कमाना चाहते हैं या लंबी अवधि के लिए शेयर में बने रहेंगे। आपको कारोबार या निवेश करते वक्त दिल से नहीं दिमाग से फैसले लेने चाहिएं। जोखिम को समझना और उसका मैनेजमेंट बहुत जरूरी है। पहला है कारोबार का दायरा। आप शेयर खरीदते वक्त तय करें कि आप कितने शेयर खरीदने में सहज महसूस कर रहे हैं।

दूसरा है स्टॉप लॉस। किसी भी शेयर में खरीदारी या बिकवाली करते वक्त घाटा काटने का स्तर जरूर तय कर लेना चाहिए। बेहतर है कि आप पहले जोखिम पता करें, फिर स्टॉप लॉस और आखिर में कि कितने शेयरों की खरीदारी/ बिकवाली करनी है।

आपने देखा होगा कि एक आम आदमी भी अपने घर को चलाने के लिए पूरी तैयारी के साथ जुटा रहता है। एक छोटा व्यापारी भी अपने लिए नित नई योजना बना लेता है। इसी प्रकार शेयर बाजार में भी सिर्फ एक निवेशक की हैसियत से नहीं, बल्कि एक व्यापारी या कारोबारी की तरह अपना लक्ष्य निधरित करना चाहिए। तभी एक निवेशक अपनी पूंजी से लाभ कमा सकता है।

अध्याय 26

शेयर बाजार : रणनीतियाँ

❁ ❁ ❁

जिन्दगी अपने आप ही दर्द लेकर आएगी। खुशियाँ पैदा करने की जिम्मेदारी आपकी है। -**मिल्टन एरिक्सन**

दुनिया का एक बड़ा हिस्सा एक समय अंग्रेजों का गुलाम था। जब एक देश में आजादी का परचम फहराया गया तो अन्य देशों में भी आजादी का बिगुल बज गया, लेकिन जिस प्रकार एक देश ने आजादी प्राप्त की ठीक उसी तरह से अन्य देश वैसा नहीं कर पाए। उन्होंने अपने देश की परिस्थितियों का गहन अध्ययन किया और अपने देश में फिर से आजादी प्राप्त की। इस कहानी से हमें क्या सबक मिला? शेयर बाजार पल प्रतिपल बदलता है। इसके लिए बहुत तरह की रणनीतियां अपनानी पड़ती हैं। आज हम उन्हीं की चर्चा करेंगे, ताकि आप एक सफल निवेशक के तौर पर स्थापित हो सकें।

शेयर बाजार में ट्रेडिंग के लिए बहुत-सी रणनीतियाँ हैं, बाजार में, परन्तु यह आपको तय करना पड़ेगा कि कौन-सी रणनीति आपके लिए अच्छा काम करती है। ट्रेडिंग में कुछ भी सही या गलत नहीं होता, परन्तु यह जरूरी है कि बात किस सन्दर्भ में हो रही है। ट्रेडिंग में सफल होने के लिए आपको अपनी मानसिक स्थिरता और धैर्य बनाये रखने की काफी आवश्यकता है।

समय की अवधी बहुत ही महत्त्वपूर्ण किरदार अदा करती है, बाजार में ट्रेडिंग करने के लिए। मान लीजिये यदि आप लम्बे समय के निवेश का सोच रहे हो तो आपको लम्बी अवधी की चार्ट में विश्लेषण करने की

जरूरत है। जैसे कि मासिक चार्ट। वहीं दूसरी ओर यदि आप छोटी अवधी में ट्रेडिंग या निवेश का सोच रहे हो तो छोटी अवधी के चार्ट का विश्लेषण करें। इसलिए ट्रेंड को पहचानने के पहले आप अपने ट्रेडिंग की शैली को परखें कि आपको इंट्राडे, स्विंग या पॉजिशनल सौदे करने हैं।

कम जोखिम वाले एंट्री को पहचानें अनुकूल रिस्क रिवॉर्ड की परिस्थिति को देखते हुए। यह एक बहुत ही महत्त्वपूर्ण पहलू है, जोखिम प्रबंधन (रिस्क मैनेजमेंट) का और यदि आपको बाजार में बने रहना हो तो रिस्क रिवॉर्ड के बीच अच्छे संतुलन बनाये रखने की आवश्यकता है, पूरे अनुशासन के साथ। इससे यह फायदा होगा कि यदि आपके कुछ ट्रेड्स में नुकसान होता है तो आपके बाकी फायदे वाले ट्रेड्स उसको ढकने में सक्षम होंगे। उदाहरण के तौर पर मान लीजिये आप यदि 1:2 रिस्क रिवॉर्ड रेशों में काम कर रहे हैं, तो यदि आपके 4 ट्रेड में नुकसान हो जाये, तो भी आप 8 रुपये कमाकर घर ही जायेंगे।

विभिन्न इंडीकेटर्स के माध्यम से एक ट्रेडिंग मेथोडोलॉजी को तैयार करें और उसे बैक टेस्ट करें, किसी एल्गो या केवल अपनी आँखों से एक लम्बे समय के लिए।

शेयर बाजार में कुछ भी सही या गलत नहीं होता, बल्कि आपको ट्रायल एंड एरर करते रहना होगा, जिससे आप नए ट्रेडिंग मेथोडोलोग्य बनायें और जो आपके स्टाइल को सूट करे और उसे अपने ट्रेडिंग में इस्तेमाल करने में सफल हो।

ट्रेडिंग सेटअप बनाने के बाद उसका एकदम निष्ठा से पालन करें और 3-4 असफलता के कारण हिम्मत न हारें। आपको अपने बनाये ट्रेडिंग सेटअप पर भरोसा होना अति आवश्यक है और हार मानने के वजाये आपको विश्लेषण करना चाहिए कि आखिर कहां आप गलत जा रहे हो और उसे सुधारने का प्रयास करें।

आपकी ट्रेड्स का विश्लेषण करने के लिए, ट्रेडिंग जर्नल एक अहम भूमिका निभाती है। इससे आप अपनी ट्रेडिंग हिस्ट्री को निकाल सकते हैं और विश्लेषण कर सकते हैं कि कहां आप गलती कर रहे हैं, ताकि अगली बार वह गलती ना दोहरायें। कभी भी अपनी ट्रेडिंग के पूंजी के 1-2 प्रतिशत से ज्यादा एक ट्रेड में जोखिम न डालें। यदि आपको बाजार में बने रहना है, तो 1-2 प्रतिशत नुकसान से ज्यादा ना खोयें एक ट्रेड में। यदि आपके ट्रेडिंग सेटअप में सफलता की दर 60-70 प्रतिशत है, तो भी यह कोई बड़ी बात नहीं है कि 8-9 लूसिंग ट्रेड नहीं होगी।

यदि आपका एकाऊंट अनुमति देता है तो ज्यादा लॉट्स में ट्रेड करें ताकि आप बड़ा मुनाफा निकाल सकें, यदि ट्रेड आपके अनुसार हो। अच्छा मुनाफा कमाने के लिए आपको अपनी स्टॉप लॉस को ट्रेल करना काफी आवश्यक है। इससे यह फायदा होगा कि यदि आप सही हुए तो अच्छा मुनाफा घर ले जाओगे, परन्तु गलत पड़ने पर ज्यादा नुकसान नहीं सहना पड़ेगा।

चाहे आप इंट्राडे, स्विंग या पोजिशनल ट्रेडर हो, थोड़ी बड़ी टाइम फ्रेम को साथ रखकर विश्लेषण करने से अधिक स्पष्टता हासिल होती है। जैसे कि यदि आप इंट्राडे ट्रेडर हो और आप 15 मिनट के ट्रेडर में काम करते हो, तो आप साथ में 1 घंटे या 4 घंटे को साथ रखकर विश्लेषण कर सकते हैं। उसी प्रकार, यदि आप स्विंग ट्रेडर हो तो आप डेली और वीकली चार्ट के हिसाब से काम कर सकते हैं।

शेयर बाजार में अनुशासन एक अहम भूमिका अदा करती है और इसी

कारणवश ज्यादातर ट्रेडर पैसे बनाने में सफल नहीं होता। शेयर बाजार में लोग स्टॉप लॉस को न लगा कर उसे दिमाग में ही रखते हैं और जैसे ही विपरीत चाल शुरू होने लगती है, वे काटने में सफल नहीं हो पाते और इसी आशा में रहते हैं कि जैसे ही उनके भाव तक आएगा तो वह निकल जायेंगे। और ज्यादातर समय लोग इससे लोस के तले दबे रहते हैं। ऐसे इंस्ट्रूमेंट्स चुनें जो बाजार के ट्रेड के बिना ही चलें। ज्यादातर शेयर्स, बाजार की चाल के अनुसार ही काम करते हैं तो ऐसे शेयर्स या इन्वेस्टमेंट क्लास चुनें जिनका खुद का अपना चाल हो। इससे आप का किया गया विश्लेषण अच्छा काम करता है और यह बाजार की चाल से प्रभावित नहीं होता।

वैसे तो रणनीति मुख्य रूप से सेना के काम आती है। जो अपने दुश्मन को हराने के लिए तैयार की जाती है। लेकिन आज बाजार भी एक युद्ध की तरह हो गया है। एक निवेशक के लिए उसका दुश्मन और दोस्त एक ही है वो है अधिक से अधिक मुनाफा कमाना। उसी के लिए यदि एक निवेशक के पास अच्छी रणनीतियां हैं तो उसको हराने वाला कोई नहीं है।

अध्याय 27

कम उम्र में बनें बड़े निवेशक

❁ ❁ ❁

सवाल ये नहीं है कि कौन मुझे करने देगा;
सवाल ये है कि कौन मुझे रोकेगा। **-ऐन रैंड**

किसी ने ठीक ही कहा है कि युवा अवस्था में जो जोखिम लेने की क्षमता होती है वो किसी भी उम्र के निवेशकों में नहीं पाई जाती है। ऐसा माना जाता है कि जितनी कम उम्र में आप निवेश करेंगे उतना ही ज्यादा लाभ उठाने में सक्षम होंगे।

ज्यादा से ज्यादा मुनाफा कमाने के लिए सिर्फ अनुभव की ही जरूरत नहीं पड़ती, बल्कि एक लम्बे समय के लिए भी टिकना जरुरी है।

एक कहानी है कि एक व्यक्ति ने वर्ष 1980 में एक कंपनी में 1000 रुपये निवेश किए थे और 10 शेयर्स खरीदें थे। वर्ष 1980 में निवेश किया गया 10 शेयर्स आज 9,60,000 शेयर्स में तबदील हो गये हैं। जितना ज्यादा समय सीमा, उतना ही ज्यादा मुनाफा कमाने का समय निवेशक के पास होता है। लेकिन शेयर बाजार में जोखिम एक अहम हिस्सा है और इसी कारण अच्छी तरह विश्लेषण कर निवेश करना काफी आवश्यक है। जोखिम लिए बगैर आप शेयर बाजार में घुस ही नहीं सकते हैं।

महान निवेशक वारेन बुफेट ने अपनी पहली निवेश 11 वर्ष की उम्र में की थी और उनके मुताबिक उन्होंने काफी देर कर दी थी निवेश करने में।

हम स्पष्ट रूप से देख सकते हैं कि जितनी लम्बी अवधी उतना ही बेहतर लाभ होता है। लम्बी अवधी में शेयर बाजार दूसरे निवेश वर्ग के मुकाबले काफी बेहतर रिटर्न देने में सक्षम हुआ है।

प्रत्येक निवेशक अपने बच्चों के नाम पर एक छोटी राशि से निवेश अवश्य करें। या फिर हर माह उनके नाम पर थोड़ी-थोड़ी निवेश करते रहें चाहे वह 500 या 1000 रुपये ही क्यों न हो। इससे आप पर ज्यादा बोझ भी नहीं होगा और आपके बच्चे जब बड़े होंगे तब उनके उच्च शिक्षा जैसे बड़ी खर्चे के लिए यह परिपूर्ण होगा। इसके अलावा यदि वे खुद का कुछ शुरू करना चाहें तो भी यह राशि उनके काम ही आएगी।

यह युवा पीढ़ी के लिए भी जरूरी है। वे जब भी काम में लगें, थोड़ा-थोड़ा हर महीने बचत करना शुरू करें अपने रिटायरमेंट के लिए। यह सुनने में थोड़ा अटपटा लग सकता है, परन्तु यदि हम शुरू से ही थोड़ा बहुत निवेश करना शुरू कर दें तो रिटायरमेंट के समय ज्यादा बोझ नहीं होगा और सुख-शांति से अपना रिटायरमेंट जीवन व्यतीत करने में सक्षम होंगे।

एक बात का ध्यान रखें कि अपनी पूरी पूंजी को केवल एक ही निवेश वर्ग में ना रखें, बल्कि अपने पूंजी को डेब्ट और इक्विटी दोनों में ही निवेश करें। जब आप अपने जीवन के शुरुआती दौर में हों तब आप ज्यादा से ज्यादा निवेश इक्विटी में करें (अपने जोखिम लेने की क्षमता को देखते हुए), परन्तु जैसे-जैसे आप रिटायरमेंट के नजदीक पहुंचे, डेब्ट में अपनी निवेश बढ़ाते रहें। कहा जाता है कि पूत के पांव पालने में ही दिख जाते हैं। यदि कम उम्र से ही निवेशक बनना है तो धीरे-धीरे अपनी छोटी-छोटी पूंजी से भी शुरुआत की जा सकती है।

अध्याय 28

आपातकालीन फंड

❀ ❀ ❀

> अगर मेरे पास कोई पेड़ काटने के लिए
> आठ घंटे हों, तो मैं छः घंटे अपनी कुल्हाड़ी की
> धार तेज करने में लगाऊंगा। -**अब्राहम लिंकन**

आपातकालीन परिस्थितियों के प्रकोप से आज तक कोई नहीं बच पाया है। यह किसी की भी जिंदगी में किसी भी समय बिना बताए आ सकती है। इसलिए सबसे बेहतर यही होगा कि व्यक्ति को 'स्काउट मोट्टो: तैयार रहें' का पालन करना चाहिए। वित्तीय आपातकालीन परिस्थितियों के लिए तैयार रहना कोई मुश्किल काम नहीं है। इंश्योरेंस खरीदने से आप सबसे ज्यादा जानी-मानी आपदाओं से सुरक्षित रह सकते हैं। अन्य आपातकालीन परिस्थितियों से बचने के लिए, आपको थोड़ी दूरदर्शिता रखनी होगी और वित्तीय अनुशासन का पालन करना होगा। भारत में 2 प्रकार के लोग हैं- एक जो अपनी वित्तीय जीवन की योजना करते हैं और दूसरे वह जो बहाओ के साथ बहने देते हैं। दूसरे समूह की संख्या काफी ज्यादा है।

ज्यादातर निवेशक जो अपना काम स्वयं करते हैं, वे इस लेख के माध्यम से शुरुआती दौर की financial planning खुद ही कर सकते हैं। इसके लिए आपको कोई प्रमाणित वित्तीय योजनाकार (सर्टिफाइड फाइनेंसियल प्लानर) होने की कोई आवश्यकता नहीं है।

एक आपातकालीन फण्ड का निर्माण करना काफी आवश्यक फैसला है, क्योंकि भविष्य पर अपना कोई नियंत्रण नहीं है। आदर्श रूप से इस

फण्ड में 6-9 महीने मासिक घर खर्च जितनी पूंजी तो अवश्य ही होनी चाहिए।

उदाहरण के तौर पर, मान लीजिये आपकी मासिक घर खर्च 20000 रुपये है, तो आपका आपातकालीन फण्ड कम से कम 120000 रुपये तो होने ही चाहिए। ध्यान रखें कि इन पैसों का इस्तेमाल आपातकालीन समय पर ही करें जैसे गंभीर बीमारी के दौरान, जॉब छूटना आदि। इस पूंजी को एक बीमाकृत बैंक खाते में रखें जिससे जरूरत के समय में आसानी से निकाला जा सके।

आपने इस कोट के बारे में जरूर सुना होगा-

"समय हमेशा एक जैसा नहीं रहता,

दिन और रात की तरह से जिदंगी में सुख और दुःख आते रहते हैं"

"इसलिए अच्छे समय में इन्सान को अपने बुरे समय के बारे अच्छी योजना जरूर बनानी चाहिए।"

इमरजेंसी फण्ड का होना हमारी आर्थिक स्थिति के लिए होना कितना जरूरी होता है और इमरजेंसी फण्ड की व्यवस्था नहीं करने से आप कितने बड़े आर्थिक संकट और कर्ज के जाल में फंस सकते हैं।

"कोई भी इमरजेंसी कभी बता कर नहीं आती, इसका नाम ही है इमरजेंसी, और इसलिए ये कभी भी, किसी के ऊपर भी आ सकती है"।

अध्याय 29

टर्म इंश्योरेंस

❁ ❁ ❁

> इस दुनिया में सफल होने का सबसे अच्छा तरीका है उस सलाह पर काम करना जो आप दूसरों को देते हैं। **–अज्ञात**

टर्म इंश्योरेंस एक असली सुरक्षा जीवन बीमा प्लान है जो पॉलिसी के अवधि के दौरान बीमाकृत व्यक्ति की अकाल मृत्यु के जोखिम को कवर करती है। टर्म प्लान बीमाकृत व्यक्ति को सबसे कम प्रीमियम पर जीवन बीमा प्रदान करता है।

जीवन बहुत अप्रत्याशित है और अनिश्चितता आपको भावनात्मक रूप से, वित्तीय और शारीरिक रूप से भी धोखा दे सकती है। ऐसा इसलिए है क्योंकि किसी की मौत पर किसी का नियंत्रण नहीं होता है, न ही कोई भविष्यवाणी कर सकता है। परिवार के कमाने वाले की मौत परिवार के सदस्य के जीवन में विक्षोभ का कारण बन सकता है।

इन समस्याओं के समाधान खोजने के लिए, टर्म इंश्योरेंस आपके जीवन में एक महत्त्वपूर्ण भूमिका निभाता है। इसके अलावा, टर्म प्लान वित्तीय सुरक्षा नेट बनाने का एक उत्कृष्ट तरीका है और यह सबसे सरल और सबसे किफायती प्रकार का जीवन बीमा है। यह आपके परिवार को आपके ऋण चुकाने और आपकी अनुपस्थिति में कुछ जरूरतों के भुगतान में मदद करेगा। लाभार्थी या नामांकित व्यक्ति को केवल बीमाकृत व्यक्ति की मौत पर मृत्यु लाभ का भुगतान किया जाता है। इसलिए, सरल शब्दों में, अगर पॉलिसी की समाप्ति के बाद बीमाकृत व्यक्ति की मृत्यु हो जाती है तो मृत्यु लाभ शून्य होता है।

टर्म इंश्योरेंस के विषय में सबसे अच्छी बात यह है कि यह काफी सस्ती है बाकी इंश्योरेंस प्लान के मुकाबले। उदाहरण के तौर पर यदि एक 23 वर्षीय पुरुष 6750000 का इंश्योरेंस कवर लेना चाहे तो उसे केवल 7000 रुपये का वार्षिक प्रीमियम देना होगा, जिससे हर दिन का केवल 19 रुपये प्रति दिन का आता है। टर्म इंश्योरेंस उनके लिए काफी आवश्यक है जो अपने परिवार के एकमात्र कमाऊ सदस्य हैं और बाकि सदस्य आप पर निर्भर हों।

जब आप टर्म इंश्योरेंस की ऑनलाइन तुलना करते हैं तो बीमा कंपनियों द्वारा प्रदान की जाने वाली विशेषताओं और लाभों की गहराई में जाएँ। यह देखें कि क्या पॉलिसी जिसे आप चुनना चाहते हैं, आपकी पसंद के कार्यकाल, बीमाकृत राशि/अंतर्निर्मित विशेषताएं जैसे टर्मिनल/गंभीर बीमारियों, आकस्मिक मृत्यु की स्थिति में लाभ और प्रीमियम भुगतान मोड में फ्लेक्सिबिलिटी प्रदान करता है।

अध्याय 30

मेडिक्लेम

❁ ❁ ❁

> सफलता आखिरी नहीं है, असफलता घातक नहीं है: ये चलते रहने का साहस है जो मायने रखता है। **-विंस्टन चर्चिल**

आज की भागदौड़ भरी जिन्दगी में किसी के पास समय नहीं होता। लेकिन एक सफल निवेशक भविष्य को लेकर हमेशा दूर दृष्टि रखता है। मेडिक्लेम उसी दृष्टि का एक हिस्सा है।

अध्ययनों से पता चलता है कि स्वास्थ्य देखभाल के खर्च में उछाल के साथ बढ़ती मुद्रास्फीति दर के बावजूद, 70% भारतीयों ने अभी तक अस्पताल में होने वाले खर्चों के खिलाफ किसी भी प्रकार के बीमा कवर का चयन नहीं किया है। यह जानकर आश्चर्य होता है कि भारत जैसे तेजी से विकास कर रहे देश में, लोग अभी भी दुर्घटना या बीमारियों से अचानक से उत्पन्न होने वाली किसी भी वित्तीय आपात स्थिति से निपटने के लिए उपयुक्त व्यवस्था का प्लान बनाने की जरूरत नहीं समझते।

आपात चिकित्सा में तैयार रहने और अपनी बचत की रक्षा करने का सबसे अच्छा और सबसे किफायती तरीका है मेडिक्लेम बीमा पॉलिसी। यह बीमारी, दुर्घटना और यहां तक कि किसी भी जरूरी सर्जरी के लिए अस्पताल में भर्ती और उसके बाद के मेडिकल खर्च का ख्याल रखता है। बीमा कंपनी द्वारा ऑफर किए गए कैशलेस उपचार सुविधा या प्रतिपूर्ति मोड के माध्यम से बिलों का ख्याल रखा जाता है। तो, मेडिक्लेम पॉलिसी में निवेश करना महत्त्वपूर्ण क्यों है? जवाब सरल है – अपने वित्तीय हितों की रक्षा के लिए।

किसी ने सही ही कहा है कि स्वास्थ्य ही असल धन है। एक स्वस्थ लाइफस्टाइल का पालन करें, क्योंकि स्वस्थ बैंक एकाऊंट तब ही रहेगा जब आप स्वयं स्वस्थ होंगे। ऐसे बहुत लोग हैं जो अपनी मेहनत की कमाई केवल इलाज पर ही खर्च कर देते हैं।

अपने परिवार के सभी सदस्यों के लिए मेडिकल इंश्योरेंस अवश्य करें और यदि आप अभी सदस्यों का इंश्योरेंस न कर पाएं तो उनकी अवश्य करें जिनकी उम्र 30-35 वर्ष से ज्यादा है।

जीवन में जो भी सफल लोग रहे हैं उनकी अपने और अपने परिवार के सुरक्षित भविष्य को लेकर कोई न कोई योजना होती है। आप भी अपने भविष्य के लिए हमेशा सचेत रहें।

अध्याय 31

ज्यादा से ज्यादा बचत

✿ ✿ ✿

> हमारा सबसे बड़ा भय असफल होने का नहीं होना चाहिए। बल्कि जिन्दगी में उन चीजों में सफल होने का भय होना चाहिए जो सचमुच मायने नहीं रखतीं। **-फ्रांसिस चौन**

आजकल के दौर में बचत करना हम सभी के लिए बेहद जरूरी है क्योंकि जहाँ एक ओर जमाने के बदलते स्वरूप के साथ कदम मिलाना हमारे लिए जरूरी है। वहीं अपनी मेहनत की कमाई को फिजूलखर्ची से बचाना भी अत्यावश्यक है।

वक्त कभी कहकर नहीं आता, इसलिए हमें अच्छे व बुरे वक्त दोनों के लिए पहले से ही तैयार रहना चाहिए, जिससे कि ऐसी नौबत ही नहीं आए कि हमको रुपयों के लिए किसी के सामने हाथ फैलाना पड़े।

पैसे कमाने में तो बहुत वक्त लगता है लेकिन उसे गँवाने में दो मिनट से भी कम समय लगता है। यदि आपको अपने धन को सुरक्षित रखना है तो आपको बजट बनाकर चलना होगा। प्रारंभ में यह काम आपको बड़ा मुश्किल लगेगा लेकिन धीरे-धीरे आप इसके आदी हो जाएँगे।

प्रतिमाह का बजट बनाते समय आपको अपने खर्चों का हिसाब रखना होगा। इससे आपको अपने खर्चों का अंदाज हो जाता है। अपने सभी खर्चों को लिखने पर आपको यह पता लग जाएगा कि फिजूलखर्ची कहाँ हो रही है। अब आप बचत करने के लिए अपनी आय का कुछ हिस्सा निकाल दें। इससे आप अपने खर्च का हिसाब करना भी सीखेंगे और बचत करना भी।

अपने सपनों को पूरा करने के लिए व खर्चों को विराम देने के लिए फायनेंशियल लक्ष्य निर्धारित करें। आप इस चीज की प्री-प्लानिंग करें कि आपको क्या-क्या कीमती व जरूरी सामान खरीदना है और उसके हिसाब से अपना बजट निर्धारित करें। जैसे यदि आपको कार खरीदना है तो यह प्लानिंग करें कि महीने के आवश्यक खर्च और सेविंग के अलग रुपयों के अलावा आप अपने किस खर्चे को कम कर सकते हैं व कितने माह में आप कार खरीदने की पूँजी जमा कर सकते हैं? ऐसी प्लानिंग करके आप अपने सपनों को पूरा कर सकते हैं और वो भी अपने बजट में।

अपने बचत किए गए पैसों को सुरक्षित रखने के लिए सेविंग एकाऊंट एक बेहतर विकल्प है। जब आपके हाथ में ज्यादा कैश नहीं होगा तो आप उसे खर्च भी सोच-समझकर करेंगे। आजकल कई बैंकों व पोस्ट ऑफिसों में सेविंग एकाऊंट खुलवाने पर कई फायदे की स्कीम्स मिलती हैं। आप अपने फायदे को ध्यान में रखकर इन स्कीमों का लाभ उठा सकते हैं।

यदि आप बाजार में शॉपिंग करने जा रहे हैं तो आप जो भी वस्तु बाजार से खरीदना चाहते हैं। उसकी लिस्ट बनाकर ही बाजार जाएँ, जिससे कि आपको अपने खर्चों का अंदाजा हो जाए। शॉपिंग करते वक्त मोल-भाव करना भी कला है, जिसमें कुछ लोग माहिर होते हैं। मोल-भाव करने से अपने बजट में ही खरीददारी कर अपने रुपयों को बचा सकते हैं।

आपकी सभी जरूरतों को पूरा करने के लिए बचत करना अति आवश्यक है और अपने वित्तीय लक्ष्य को प्राप्त करने के लिए बचत करना सबसे पहला कदम है। ज्यादातर लोग खर्चीले स्वभाव के होते हैं और इसी कारणवश जरूरत के समय उन्हें पैसे का अभाव होना लाजमी है।

ज्यादातर लोग अपनी कमाई से खर्च करने के बाद जो थोड़ा बहुत बचता है, उसे निवेश करते हैं। तरीके से लोगों को पहले अपनी कमाई से बचत अलग कर, फिर जो बचे उसे खर्च करना चाहिए।

अध्याय 32

समझदारी से निवेश

❀ ❀ ❀

> हमारी सबसे बड़ी कमजोरी हार मान लेना है। सफल होने का सबसे निश्चित तरीका है हमेशा एक और बार प्रयास करना।
> **-थॉमस ए. एडीस**

साधारण मान्यता के विरुद्ध शेयर बाजार सिर्फ अमीर लोगों के लिए ही नहीं है। पैसे कमाने के लिए और आर्थिक स्वतंत्रता पाने के लिए धन निवेश एक महत्त्वपूर्ण मार्ग है। छोटी-छोटी धनराशि के निरंतर निवेश की नीति से फलतः छोटी रकम जल्द ही विस्तृत होकर बड़ी रकम बन जायेगी। यह ध्येय प्राप्त करने के लिए आप को सुयोग्य आयोजन अपनाने के अलावा धीरज, अनुशासन और मेहनत से काम लेना होगा। यह सूचनाएं आपको छोटे मगर सफल निवेश के लिए सहायक होंगी।

पैसों को निवेश करने के लिए एक सही निवेश वर्ग चुनें, अपनी जोखिम लेने की क्षमता को देखते हुए। जोखिम को कम करने के लिए एक डाइवर्सिफाइड पोर्टफोलियो बनायें खासकर शेयरों के लिए, जिन्हें काफी जोखिम भरा समझा जाता है।

शेयरों में निवेश करना एक अच्छा बिकल्प है यदि आप लम्बे समय (5-10 साल) तक निवेश करने का सोच रहे हो। पावर ऑफ कम्पाउंडिंग बहुत अच्छा काम करता है, लम्बे अवधि वाली निवेशों में और महान साइंटिस्ट अल्बर्ट आइंस्टीन ने इसे दुनिया का आठवां अजूबा कहा है। यदि आप खुद के निवेश करने में सक्षम न हों, तो एक अच्छे वित्तीय सलाहकार की सहायता लें।

शेयर बाजार के निवेश में जोखिम है, जिसमें सारे पैसे गंवाने का जोखिम भी है। निवेश करने से पहले हमेशा सुनिश्चित कर लें कि आपकी मुख्य आर्थिक जरूरतों का इंतजाम आपने कर लिया है, अगर आप की नौकरी जाए या कोई बहुत बड़े नुकसान का सामना करना पड़े।

यह सुनिश्चित कर लें कि आपके बचत खाते में 3 से 6 महीने की आमदनी जमा है, ताकि आपको अचानक पैसों की जरूरत पड़ने पर आपको शेयर न बेचने पड़ें। बिलकुल सलामत मान कर लिए गए शेयर के भाव में भी कभी-कभी नाटकीय उतार-चढ़ाव आ सकते हैं। जब आप को पैसों की जरूरत पड़े, तब आप के शेयर खरीद भाव से नीचे चलने की संभावना तो हरदम बनी रहती है।

शेयर बाजार निवेश के लिए अपनी मासिक आमदनी का हिस्सा तय करने से पूर्व अपनी बीमा जरूरतों को पूरा कर लीजिये। अपने जान-माल का सही बीमा पहले करवा लीजिये।

इस बात को याद रखें कि निवेश की हुई राशि पर आप किसी आफत के समय के लिए आधारित नहीं रह सकते हैं, क्योंकि शेयर बाजार में तेजी-मंदी का दौर हरदम चलता रहता है। आपको अपने शेयर आधी कीमत पर बेचने की नौबत आ सकती है। उचित बचत और बीमा होने पर आपकी मुख्य जरूरत हमेशा पूरी हो सकती है, चाहे शेयर बाजार में कितने ही उतार-चढ़ाव आ जाएं। समझदारी आपके विवेक पर निर्भर करती है। एक सफल निवेशक के लिए समझदारी से ही अपनी पूंजी को बाजार में लगाना चाहिए।

अध्याय 33

रिटायरमेंट प्लानिंग

❁ ❁ ❁

> आपको पूरी सीढ़ी देखने की जरूरत नहीं है, बस पहला कदम उठा लीजिये। **-मार्टिन लूथर किंग जूनियर**

ज्यादातर लोग अपने रिटायरमेंट के लिए प्लानिंग करते समय उत्साहित नहीं होते क्योंकि इस काम के लिए अलग से कोई इंसेटिव नहीं मिलते हैं। चूंकि इस काम के लिए हमें कोई अतिरिक्त फायदा या फिर हम इस बात के लिए राजी नहीं होते हैं। हालांकि एक बात का ध्यान रखना चाहिए कि रिटायरमेंट प्लानिंग सिर्फ पैसे के प्रबंध से नहीं जुड़ी है।

पैसे से ज्यादा इस बात के लिए रिटायरमेंट की प्लानिंग करनी चाहिए कि आपके जीवन के सुकून के पल कैसे बीतने वाले हैं।

- स्वास्थ्य संबंधी समस्याओं को आप कैसे सुलझाएंगे?
- जो पूंजी आपने इकट्ठी की है, उसे किस के साथ बांटना चाहेंगे?
- अंत में आपकी आमदनी का जरिया क्या होगा?

रिटायरमेंट प्लानिंग से हमारा तात्पर्य है अपने बचत का आवंटन करना, रिटायरमेंट के उद्देश्य से। रिटायरमेंट प्लानिंग का मूल उद्देश्य है वित्तीय स्वतंत्रता हासिल करना।

ज्यादातर लोग 50-55 के उम्र के बाद ही रिटायरमेंट प्लानिंग का सोचते हैं, परन्तु तब अपने रिटायरमेंट लक्ष्य को हासिल करना एक चुनौतीपूर्ण विषय हो जाता है। इससे पार पाने के लिए हमें रिटायरमेंट प्लानिंग की शुरुआत और जल्दी करने की जरुरत है और बेहतर होगा कि हम थोड़ा-थोड़ा निवेश

करना शुरू कर दें, जैसे ही हम पैसे कमाने लगें। इससे फायदा यह होगा कि हम हर महीने थोड़ी-थोड़ी बचत से अपने रिटायरमेंट के लक्ष्य को आसानी से हासिल करने में सक्षम होंगे।

चलिए इसे एक उदाहरण से समझते हैं। मान लीजिये आपकी उम्र 30 वर्ष है और आप 60 वर्ष में रिटायरमेंट का सोच रहे हैं। आपकी मासिक आय 30000 रुपये है और रिटायरमेंट पर आपका लक्ष्य 50 लाख की पूंजी बनाने की है।

रिटायरमेंट के बाद आपकी जिंदगी उत्साह से भरी हुई और शांतिपूर्ण होनी चाहिए। अगर आपकी रिटायरमेंट प्लानिंग सही नहीं हो तो आप इन सुनहरे पलों को ठीक से जी नहीं पाएंगे। इसलिए जरूरी है कि आप अपने जीवन के कामकाजी पलों में ही रिटायरमेंट प्लानिंग के लिए थोड़ा समय निकालें। सही प्लान करने से आपका रिटायरमेंट के बाद का जीवन निश्चित तौर पर सुकून के साथ कटेगा।

मान लीजिये कि आप हर महीने 5000 रुपये की निवेश का सोच रहे हैं और इस पर आप 6-5 प्रतिशत (अभी का बैंक फिक्स्ड डेपोसिट दर) की ब्याज प्रति वर्ष कमा रहे हैं। 30 वर्ष के बाद आपके पास कम से कम 55 लाख की पूंजी होगी। वहीं यदि आप पूरी 5000 रुपये फिक्स्ड आय में निवेश न करके, इसमें से 2000 रुपये यदि आप शेयर बाजार में निवेश करें (जिससे हम 12 प्रतिशत हर वर्ष की अपेक्षा आसानी से कर सकते है, लम्बी अवधि में), तो आप रिटायरमेंट में 1 करोड़ बना सकते हैं। आप अपने रिटायरमेंट लक्ष्य को पाने के लिए इस कम्पाउंडिंग कैलकुलेटर की सहायता ले सकते हैं।

अध्याय 34

वित्तीय लक्ष्य का विभाजन

❁ ❁ ❁

> आज से एक साल बाद शायद तुम मानोगे कि
> काश तुमने आज शुरुआत कर दी होती। **–कैरेन लैम्ब**

एक सफल निवेशक एक समय में एक लक्ष्य पर फोकस करता है। यह किसी भी निवेशक के लिए अनिवार्य शर्त है। लेकिन एक सफल निवेशक अपने तात्कालिक, मध्यम और दीर्घकालीन लक्ष्यों को पहले से ही सुनिश्चित कर लेता है। उसके तमाम वित्तीय लक्ष्य का विभाजन भी उसकी योजना का ही एक हिस्सा माना जाता है।

किसी व्यक्ति के व्यक्तिगत लक्ष्यों की संख्या में स्वाभाविक रूप से भौतिक लक्ष्य शामिल होते हैं, जिसके लिए उसे कुछ प्रयास करने होते हैं। कंपनी की आर्थिक गतिविधियों के संदर्भ में, भौतिक मूल्यों के अधिग्रहण के लिए आवश्यक धन की मात्रा में, इस तरह के संदर्भ बिंदु मौद्रिक शब्दों में व्यक्त किए जाते हैं। इस मामले में हम वित्तीय उद्देश्यों के बारे में बात कर रहे हैं।

वित्तीय लक्ष्य के तहत किसी व्यक्ति की भौतिक आकांक्षाओं के समतुल्य मौद्रिक समतुल्य वस्तुओं के मूल्य के समान है, जिसके लिए वह एक प्रयास करने को तैयार है। सामग्री के उद्देश्यों को आमतौर पर काफी बड़े अधिग्रहण या नकद व्यय के रूप में समझा जाता है। वित्तीय लक्ष्य पूंजी वृद्धि से संबंधित हैं। अधिकतर, सामग्री और वित्तीय लक्ष्य जुड़े होते हैं।

अपने वित्तीय लक्ष्य को विभिन्न अवधियों में विभाजित करें जैसे कि

छोटी अवधि, मध्य अवधि और लम्बी अवधि और इसे ध्यान में रखते हुए ही निवेश करें। आप मेहनत से छोटी अवधि वाले लक्ष्य को हासिल करने का प्रयास करें और इससे आप कहीं न कहीं अपनी मध्य और लम्बी अवधि वाले लक्ष्य को भी सक्षम बनाने के लिए भी मदद कर रहे हैं। समय-समय पर इसे देखते रहें और अपने लक्ष्य से भटकने पर इसके समाधान का उपाय करें।

इससे भी ज्यादा महत्त्वपूर्ण यह है कि यह भी पूरी तरह साफ हो जाता है कि इनमें से हर लक्ष्य के लिए खास निवेश होना चाहिए, जिन्हें इन खास लक्ष्यों को पूरा करने के लिए चुना गया हो। दूसरे शब्दों में हमारे पास अलग-अलग लक्ष्य के लिए अलग-अलग पोर्टफोलियो होना चाहिए।

आपने देखा होगा कि परिवार का मुखिया अपने परिवार के भरण-पोषण के लिए अलग-अलग वित्त का निर्धारण करता है। उसी प्रकार एक सफल निवेशक भी अलग-अलग वित्तीय लक्ष्यों को प्राप्त करने के लिए हमेशा प्रयासरत रहता है।

अध्याय 35

वसीयत नामा

❁ ❁ ❁

> शब्दकोष ही एक ऐसी जगह है जहाँ 'सक्सेस' 'वर्क' से पहले आता है। -**विन्से लोम्बार्डी**

वित्तीय क्षेत्र के तमाम सफल लोगों को अपनी वसीयत से बहुत प्रेम होता है, ताकि उसकी मेहनत को कोई भविष्य में न डुबो दे।

18 वर्ष से अधिक आयु, मानसिक रूप से स्वस्थ व्यक्तियों, जिनके पास संपत्ति/जीवन बीमा पॉलिसी है, को अपनी वसीयत आवश्यक रूप से लिखना चाहिए। वसीयत लिखने से व्यक्ति के जीवनकाल में संपत्ति पर उसी का अधिकार रहता है एवं मृत्यु उपरांत ही उत्तराधिकारी संपत्ति प्राप्त कर सकता है। व्यक्ति अपने जीवनकाल में वसीयत कितनी भी बार बदल सकता है एवं उसके द्वारा लिखी गई आखिरी वसीयत ही मान्य होती है।

वसीयत लिखकर न सिर्फ कोई व्यक्ति अपनी इच्छानुसार संपत्ति का बँटवारा कर सकते हैं, बल्कि अपने वारिसों को पारिवारिक विवाद, कानूनी उलझनों एवं खर्चों से भी बचा सकते हैं। वसीयत से वारिसों की टैक्स प्लानिंग भी बखूबी की जा सकती है।

माता-पिता के लिए दस्तावेज बनाना एक महत्त्वपूर्ण कार्य है, क्योंकि यदि आपको कुछ हो जाये तो आपके बच्चों का ख्याल कौन रखेगा, इसका जिक्र भी आप दस्तावेज में कर सकते हैं। इससे आप निश्चिंत हो सकते हैं कि आपके बच्चों की देखभाल अच्छे से हो जब आप ना रहें। यदि आप चाहते हैं कि आपकी मृत्यु के बाद परिवार में कोई झगड़ा या समस्या न हो तो अपने परिवार की सुख-शांति के लिए दस्तावेज अवश्य बनायें।

इसके आलावा काफी और क्षेत्र हैं जैसे कि टैक्स प्लानिंग आदि। जहां आपको एक वित्तीय विशेषज्ञ की आवश्यकता होगी। ध्यान रखें कि जो भी वित्तीय सहायता आप लें, उसे समझने का प्रयास अवश्य करें कि कार्य ठीक से संपन्न हो रहा है या केवल आपके पैसे लूटे जा रहे हैं। वैसे तो वसीयत आप स्वयं, वकील या सर्टिफाइड फाइनेंशियल प्लानर की मदद से बना सकते हैं, लेकिन यदि वसीयत को चुनौती देने की संभावना है या वारिसों की टैक्स प्लानिंग करना चाहते हैं तो एस्टेट प्लानिंग में महारथ हासिल सर्टिफाइड फाइनेंशियल प्लानर से सलाह जरूर लेना चाहिए।

अध्याय 36

कीमतों में बदलाव

❀ ❀ ❀

> अगर आपके पास हथौड़ा ही एक मात्र औजार है, तो आप हर समस्या को कील की तरह देखते हैं। **–अब्राहम मैस्लो**

शेयर बाजार में कीमतें लगातार बदलती रहती हैं। एक सफल निवेशक का यह दायित्व है कि वह इन कीमतों में होने वाले बदलावों को अपनी पारखी नजर से देखता और समझता रहे।

सर्वप्रथम आईपीओ लाते वक्त शेयर्स की कीमत कंपनी निर्धारित करती हैं, लेकिन एक बार आईपीओ पूरा हो जाने के बाद शेयरों का मूल्य निर्धारित करने में कंपनी की कोई भूमिका नहीं होती और शेयरों के मूल्य स्वतंत्र रूप से शेयरों की मांग और आपूर्ति के आधार पर स्टॉक एक्सचेंज द्वारा निर्धारित किये जाते हैं।

अगर खरीदे जाने वाले शेयरों की तुलना में बेचे जाने वाले शेयर्स की संख्या कम होगी तो शेयरों की कीमत बढ़ेगी और अगर बेचे जाने वाले शेयरों की तुलना में खरीदे जाने वाले शेयरों की संख्या कम होगी तो शेयर्स की कीमत कम होगी।

शेयर्स मार्केट में रजिस्टर्ड होने के बाद कंपनियों को समय-समय पर सभी महत्त्वपूर्ण जानकारियां निवेशकों के साथ साझा करनी होती हैं और इन्हीं जानकारियों के आधार पर निवेशक कंपनियों का मूल्यांकन करते हैं। इस मूल्यांकन के आधार पर शेयर्स की मांग और आपूर्ति घटने-बढ़ने से शेयर्स की कीमत बदलती रहती है।

सर्वप्रथम कंपनियां अपने शेयर्स की स्टॉक एक्सचेंज में लिस्टिंग करवाकर आईपीओ (इनिशियल पब्लिक ऑफर) लाती हैं और स्वयं शेयर्स स्वयं द्वारा निर्धारित मूल्य पर सार्वजनिक मुद्दे जारी हैं। एक बार आईपीओ पूरा हो जाने के बाद शेयर, बाजार में आते हैं और स्टॉक एक्सचेंज और ब्रोकर्स के माध्यम से निवेश द्वारा आपस में खरीदे और बेचे जाते हैं।

सेंसेक्स बोम्बे स्टॉक एक्सचेंज का सूचकांक (इंडेक्स) है और सेंसेक्स का निर्धारण बीएस में लिस्टेड टॉप 30 कंपनियों के मार्केट कैपिटलाइजेशन (कंपनियों का कुल मूल्य) के आधार पर किया जाता है। सेंसेक्स बीएसई की टॉप 30 कंपनियों के प्रदर्शन को प्रदर्शित करता है। अगर सेंसेक्स बढ़ता है तो इसका मतलब है कि बीएसई में रजिस्टर्ड अधिकांश कंपनियों ने अच्छा प्रदर्शन किया है और इसी तरह अगर सेंसेक्स गिरता है तो इसका मतलब यह हैं कि अधिकांश कंपनियों का प्रदर्शन खराब रहा है।

निफ्टी नेशनल स्टॉक एक्सचेंज का सूचकांक (इंडेक्स) है और इसका निर्धारण एनएसई में लिस्टेड टॉप 50 कंपनियों के मार्केट कैपिटलाइजेशन (कंपनियों का कुल मूल्य) के आधार पर किया जाता है। अगर निफ्टी बढ़ता है तो इसका मतलब यह है कि एनएसई में रजिस्टर्ड कंपनियों ने अच्छा प्रदर्शन किया है और अगर निफ्टी घटता है तो इसका अर्थ यह है कि एनएसई की कंपनियों ने बुरा प्रदर्शन किया है।

अध्याय 37

शेयर मार्केट : सफल निवेशक

❁ ❁ ❁

वो अमीर नहीं है जिसके पास बहुत ज्यादा है,
बल्कि वो अमीर है जो बहुत ज्यादा देता है। **–एरिक फ्रॉम**

स्टॉक मार्केट में अनुमान लगाना बहुत कठिन काम होता है। सबसे पहले आप ये बात दिमाग में बैठा लीजिए कि दूर से देखकर आप शेयर मार्केट के एक्सपर्ट बन सकते हैं। जाहिर है इसके लिए आपको मौलिक और तकनीकी रूप से बहुत मजबूत होना आवश्यक होता है। यद्यपि आप इस क्षेत्र में बहुत मजबूत होंगे, परन्तु हमेशा यह आवश्यक नहीं है कि आपने इस क्षेत्र में जो सैद्धांतिक तरीके से सीखा है वही व्यावहारिक तौर पर भी लागू हो। इसके लिए आपको स्टॉक मार्केट में गोता लगाना पड़ेगा और पैसों का निवेश करना होगा ताकि आप इससे परिचित हो जाएं। इसे सीखने का सबसे अच्छा तरीका है कि इसे वर्चुअल ट्रेडिंग प्लेटफॉर्म पर सीखा जाए जहाँ आपको मेहनत से कमाए गए अपने पैसों से संबंधित जोखिम नहीं उठाना पड़ता और आपको अनुभव भी मिल जाता है। कई ऐसे प्लेटफॉर्म हैं जो वर्चुअल स्टॉक ट्रेडिंग की सुविधा प्रदान करते हैं परन्तु कुछ साइट्स ऐसी हैं जो बहुत अधिक प्रचलित हैं। इनके बारे में नीचे बताया गया है:

ट्रैक इन्वेस्ट सबसे अच्छी ट्रेडिंग साइट है। कोई भी सदस्य इस प्लेटफॉर्म पर अपनी ट्रेडिंग स्किल्स दिखाकर जॉब या इंटर्नशिप प्राप्त कर सकता है। यह प्लेटफॉर्म विभिन्न टूल्स जैसे न्यूज, ट्विटर फीड्स, विश्लेषण करने और निर्णय लेने के लिए स्टॉक से संबंधित फाइनेंशियल जानकारी आदि

उपलब्ध करवाता है। आप सर्वश्रेष्ठ प्रदर्शनकर्ता और आपके दोस्त भी ट्रैक कर सकते हैं।

मनीभाई भारतीय स्टॉक मार्केट के लिए एक फ्री वर्चुअल ट्रेडिंग गेम है। यह एक नकली गेम है जहाँ आपको 1 करोड़ रुपये काल्पनिक तौर पर मिलते हैं जिसमें से आप एक दिन में 1 करोड़ रुपये तक की सीमा में ट्रेडिंग कर सकते हैं। आपके पास स्टॉक्स, बांड्स, फिक्स्ड डिपॉजिट और म्यूचुअल फंड्स में निवेश करने के विकल्प उपलब्ध होते हैं। इस प्लेटफॉर्म पर आप अपने दोस्तों के साथ एक लीग गेम भी बना सकते हैं और अन्य यूजर्स के साथ के इंटरेक्ट भी कर सकते हैं।

दलाल स्ट्रीट जर्नल के साथ मिलकर बॉम्बे स्टॉक एक्सचेंज (बीएसई) स्टॉक मार्केट में ट्रेडिंग सीखने हेतु एक वर्चुअल प्लेटफॉर्म उपलब्ध करवाता है। स्टॉक मार्केट तीन तरह के दर्शकों पर ध्यान केंद्रित करता है - गंभीर ट्रेडर्स, युवा निवेशक और ऐसे लोग जो स्टॉक मार्केट में अपना विश्वास खो चुके हैं। इसके कई लेवल होते हैं और हर स्तर पर कठिनाई का स्तर बढ़ता जाता है। एक डेमों के द्वारा आपको सिखाया जाता है कि इसे किस तरह खेलना है और आपके प्रश्नों के उत्तर देने के लिए एक गेम मास्टर भी होता है।

एनएसई पाठशाला (NSE Paathshala) नेशनल स्टॉक एक्सचेंज में ट्रेडिंग सीखने के लिए यह भी एक अच्छा डमी प्लेटफॉर्म है। आभासी व्यापार के माध्यम से निवेशकों को शिक्षित करने के लिए यह नेशनल स्टॉक एक्सचेंज ऑफ इंडिया द्वारा की गयी एक पहल है।

आईसीआईसीआई डायरेक्ट वर्चुअल स्टॉक एक पुरस्कार प्राप्त ऑनलाइन प्लेटफॉर्म है जो आईसीआईसीआई डायरेक्ट (भारत में आईसीआईसीआई बैंक के सौजन्य से) द्वारा की गयी पहल है, जिसका उद्देश्य ट्रेडिंग के माध्यम से स्टॉक मार्केट का प्रायोगिक ज्ञान और अनुभव देना है। स्टॉक के अलावा आप विभिन्न डेरिवेटिव्स जैसे वायदा और विकल्प भी खरीद या बेच सकते हैं। आप वर्चुअल पैसे से वास्तविक मार्केट डेटा में व्यापार भी कर सकते हैं।

वॉल स्ट्रीट मैग्नेट प्लेटफॉर्म पर आप 1,00,000 डॉलर की आभासी मुद्रा के साथ आप न्यूयॉर्क स्टॉक एक्सचेंज, एनएएसडीएक्यू और एमेक्स से उपलब्ध डाटा पर आधारित स्टॉक की ट्रेडिंग कर सकते हैं। इस पर उपलब्ध लगभग 25,000 यूजर्स के साथ आप इंटरेक्ट भी कर सकते हैं और उनसे प्रतियोगिता भी कर सकते हैं।

मार्केटवॉच मार्केट वॉच डो एंड जोन्स कंपनी की एक फाइनेंशियल वेबसाइट है जो रियल टाइम मार्केट डेटा के साथ वर्चुअल ट्रेडिंग प्लेटफॉर्म उपलब्ध करवाती है। आपके पास अपना स्वयं का गेम विकसित करने का विकल्प भी उपलब्ध होता है अथवा आप अन्य लोगों द्वारा बनाये गए गेम से भी जुड़ सकते हैं।

वॉल स्ट्रीट सर्वाइवर आपको वर्चुअली तरीके से ट्रेड करने और अपना पोर्टफोलियो बनाने और उसे प्रबंधित करने की अनुमति देता है। इसमें आप अपने दोस्तों और अन्य यूजर्स के साथ प्रतियोगिता भी कर सकते हैं। आप ब्लॉग्स आदि के माध्यम से ट्रेडिंग स्टॉक्स, बांड, वायदा और मुद्राओं के मूल सिद्धांत को भी सीख सकते हैं। इनके द्वारा चलाई जाने वाली लीग में आपको 300 डॉलर तक कमाने का अवसर मिल सकता है।

स्टॉक गेम इंडियाबुल्स वेंचर्स लिमिटेड एक वर्चुअल ट्रेडिंग प्लेटफॉर्म है जो भारत की एक प्रमुख पूंजी बाजार कंपनी है जो प्रतिभूति ब्रोकिंग

सलाहकार सेवाएं प्रदान करती है। बाजार में खेलने के लिए आपको प्रति सप्ताह 10 लाख आभासी रुपये मिलते हैं और जीतने वालों को कुछ रोमांचिक अवसर भी मिलते हैं।

मनी प्लाट भारतीय स्टॉक मार्केट पर आधारित स्टॉक मार्केट सिमुलेशन गेम है। इस पर रजिस्टर करने के बाद आपको प्रत्येक गेम के लिए 20 लाख आभासी रुपये मिलते हैं और रियल स्टॉक न्यूज के अपडेट पर आधारित जानकारी के अनुसार आप बॉम्बे स्टॉक एक्सचेंज (बीएसई) की सूची में स्थित स्टॉक चुन सकते हैं। इसका उपयोग भारत में शीर्ष बी-स्कूलों द्वारा अपने पाठ्यक्रम या कॉलेज के कार्यक्रमों में किया जाता है।

इन्वेस्ट फ्लाई एक अच्छा ऑनलाइन ट्रेडिंग प्लेटफॉर्म है जहाँ आप अपने स्टॉक का वर्चुअल पोर्टफोलियो बना सकते हैं और उसका प्रबंधन सीख सकते हैं तथा साथ ही आप अपनी ऑटोमेटेड ट्रेडिंग स्ट्रेटजी भी बना सकते हैं। यह यूजर्स को ट्रेडिंग टूल्स भी उपलब्ध करवाता है और हर महीने ट्रेडिंग की प्रतियोगिता भी आयोजित करता है।

अध्याय 38

शेयर जीवन चक्र

✿ ✿ ✿

> सफल होने के लिए, सफलता की इच्छा, असफलता के भय से अधिक होनी चाहिए। -**बिल कासबी**

प्रकृति में हर चीज एक चक्र से गुजरती है, चाहे वो जीवित प्राणी हो या फिर मौसम। जिस प्रकार जीवित प्राणी अलग-अलग दौर से गुजरते हैं जैसे कि जन्म, विकास, परिपक्वता और अंत में मृत्यु या पुनर्जन्म। मौसम भी चक्र का पालन करता है और पूरे वर्ष केवल एक ही प्रकार का मौसम नहीं होता। गर्मी का मौसम, मौसम-चक्र का एक अनिवार्य हिस्सा है और यह चार पांच माह के लिए आपके साथ ही रहेगी। चाहे आपको पसंद हो या ना हो।

उसी प्रकार शेयर बाजार भी चक्र का पालन करती है। यह तय है कि मंदी के बाद तेजी का दौर अवश्य आएगा, परन्तु इसकी समय सीमा क्या होगी यह बोलना काफी मुश्किल है। अनुकूल परिस्थिति में यदि फल का आनंद लेना हो तो कठोर परिस्थिति में ढलना अत्यधिक आवश्यक है। यहाँ सबसे महत्त्वपूर्ण विषय है, संयम बनाये रखना।

संचय चरण

यह चरण ज्यादातर कंपनी के शुरुआती दौर में या फिर एक स्थापित कंपनी के लंबे समय तक गिरावट के बाद देखी जाती है। एक खराब दौर से गुजरने के बाद, कंपनी स्वयं को पुनर्निर्माण करने का प्रयत्न करती है। यह

अवधि कुछ माह से कई वर्षों तक हो सकती है। शेयर्स ज्यादातर मालिकों के पास ही पड़ी होती है। जिनका इरादा तब तक बेचने का नहीं होता जब तक मोटा मुनाफा ना कमा लें।

इस अवधि के दौरान शेयर एक दायरे के अंतर्गत चलती रहती है और इस दायरे का ऊपरी भाग एक प्रतिरोध की तरह काम करता है। इस दायरे को तोड़ते ही यह एक नए दौर में शामिल हो जाएगी।

विकास चरण

कंपनी के कारोबार में सुधार होते ही, यह अपने लम्बे समय से बने दायरे को ज्यादा वॉल्यूम से तोड़ कर विकास चरण में प्रवेश करती है। कारोबार में नियमित रूप से सुधार और नए निवेशक के प्रवेश करने से शेयर में तेजी आती है। इस चरण में शेयर अपने 200 दिन के मूविंग एवरेज के ऊपर ही काम करती है और जब तक इसे नहीं तोड़ती तब तक इस शेयर में बने रहने में ही भलाई है।

वितरण चरण

होशियार शेयर धारक यह भली-भांति जानते हैं कि अच्छा समय सदैव बरकरार नहीं रह सकता और इस चरण तक आते-आते शेयर काफी ओवर-वैल्यूड हो चुकी होती है। अच्छी आर्थिक समाचार और मोटी कमाई के मध्य, शेयर्स को छोटे शेयर धारकों को बेच दिया जाता है। इस दौरान शेयर प्राइस एक दायरे के अंतर्गत ही घूमती रहती है और ये शिखर कुछ महीनों से कई सालों तक फैली हो सकती है। 200 दिन के मूविंग एवरेज को तोड़ते ही एक पूर्व चेतावनी मिल जाती है कि अब तेजी जल्द ही मंदी में बदलने वाली है।

गिरावट चरण

जब शेयर गिरावट चरण में प्रवेश करती है, तब शुरुआत में कोई स्पष्ट कारण नहीं मालूम होता, परन्तु धीरे-धीरे बुरी खबर के आने के पश्चात शेयर प्राइस और भी नीचे फिसलने लगती है। बीच-बीच में शेयर झूठी ऊपरी चाल शुरू कर देती है, जिससे कि शेयर धारकों को यह आभास हो कि शेयर की गिरावट थम चुकी है।

इस चरण में सतर्कता बरतना काफी अनिवार्य है और जैसे ही शेयर प्राइस 200 दिन के मूविंग एवरेज के पास आ जाये, ये हमें अच्छी शार्ट का अवसर प्रदान करती है।

किसी भी कंपनी में निवेश करने से पहले, निवेशक एक ठोस कारण ढूंढ़ते हैं। परन्तु उसमें एक कमी यह रह जाती है कि उस कारण को ढूंढ़ते-ढूंढ़ते, शेयर की कीमत 300-400 प्रतिशत बढ़ चुकी होती है।

एक शेयर को लेने का सही समय तब होता है, जब वह खराब समाचार से घिरा हुआ हो और किसी को शेयर लेने में कोई दिलचस्पी ना हो, दूसरी तरफ जब सब कुछ अच्छा लग रहा हो और सब शेयर को खरीदने में दिलचस्पी दिखा रहे हों, उस वक्त शेयर से निकल जाने में ही समझदारी है।

शेयर जीवन चक्र एक आम निवेशक के लिए बुनियादी समझ है, यदि एक बार निवेशक इस चक्र को समझ गया तो वह शेयर बाजार में सफल निवेशक बनकर अन्य लोगों के लिए भी नेतृत्व कर सकेगा।

अध्याय 39

शेयर : तकनीकी शब्दावली

❁ ❁ ❁

> एक मिनट की सफलता बरसों की असफलता की कीमत चुका देती है। **-रोबर्ट ब्राउनिंग**

किसी भी बाजार की अपनी तकनीकी शब्दावली है। यह सिर्फ शब्दावली ही नहीं बल्कि एक तरह से कार्य प्रणाली भी होती है। जिसे कम से कम शेयर बाजार में निवेश करने वाले लोगों को समझना ही चाहिए।

शेयर बाजार खुलते ही एंकर और एक्सपर्ट लोग खास-खास शेयर के बारे में बाय-सेल-होल्ड-सपोर्ट-रजिस्टेंस-प्रॉफिट बुकिंग, एक्यूमुलेट जैसे शब्दों का इस्तेमाल करते हैं।

शेयर बाजार से जो लोग अनजान हैं, उनको जरूर इन शब्दों को लेकर उलझन होती होगी।

जब आप शेयर बाजार में कारोबार करने के लिए उतरते हैं तो आपको शेयर के मार्केट प्राइस के अलावा शुरुआती स्तर पर कई तकनीकी शब्दों का सामना करना पड़ेगा। इसमें शामिल शब्द हैं- बाय, सेल, होल्ड, टार्गेट, स्टॉप लॉस, सपोर्ट, रेजिस्टेंस।

हालांकि शेयर बाजार बहुत सारे जटिल शब्दों का भंडार है, लेकिन शेयर बाजार के जानकार और शेयर बाजार से जुड़े समाचार पत्र, न्यूज चैनल, ब्रोकर्स हाउस, वेबसाइट बगैरह इन तकनीकी शब्दों का धड़ल्ले से इस्तेमाल करते हैं। इन शब्दों के इस्तेमाल अक्सर निवेशकों को ये बतलाने के लिए

किए जाते हैं कि किसी खास समय (अगले घंटे में, दिनभर में, अगले सात दिनों में, अगले 15 दिनों में, अगले एक महीने या छह महीने या सालभर में या फिर 2-3 साल में या इससे अधिक अवधि में) में निवेशक किसी खास शेयर के बारे में क्या फैसला लें। इसे दूसरे शब्दों में एक्सपर्ट की राय या सलाह या रेकमंडेशन भी कहते हैं, यह शेयरों पर ब्रोकर्स की रिपोर्ट के नाम से भी जाना जाता है।

निवेशकों के फैसलों में शामिल हो सकता है, उसे खरीदें (बाय), उसे बेच दें (सेल), उसे और खरीदें (बाय/Accumulet) या उसे होल्ड रखे (निवेशित) रहें। तो आइए आप भी जानिए आखिर शेयर बाजार के जानकारों की सलाह या रेकमंडेशन या राय के क्या-क्या मायने होते हैं...।

मार्केट प्राइस : एक मुक्त बाजार में किसी शेयर की खरीद या बिक्री के लिए प्रचलित भाव।

बाय : अगर कोई एक्सपर्ट किसी शेयर के बारे में 'बाय' की सलाह दे रहा है, इसका मतलब हुआ कि आपको वो शेयर खरीदना चाहिए। लेकिन ध्यान रहे कि ये सलाह हमेशा लागू नहीं हो सकती है। ये किसी खास समय के लिए लागू होती है। इसके तहत दो तरह के सलाह दिए जा सकते हैं। एक तो मौजूदा मार्केट भाव पर खरीदें और दूसरा खरीद की कीमत का दायरा या

स्तर दिया जा सकता है। दूसरी सलाह में जब कोई शेयर एक्सपर्ट के बताए दायरे या स्तर के आसपास कारोबार करे, तभी शेयर खरीदें।

सेल : जब कोई एक्सपर्ट किसी शेयर के बारे में 'सेल' की सलाह दे रहा है, इसका मतलब हुआ कि आपको वो शेयर बेच देना चाहिए। लेकिन ध्यान रहे कि ये सलाह हमेशा लागू नहीं हो सकती है। ये किसी खास समय के लिए लागू होती है। इसके तहत दो तरह के सलाह दिए जा सकते हैं। एक तो मौजूदा मार्केट भाव पर बेच दें और दूसरा बेचने के भाव का दायरा या स्तर दिया जा सकता है। दूसरी सलाह में जब कोई शेयर एक्सपर्ट के बताए दायरे या स्तर के आसपास कारोबार करे, तभी शेयर बेचें।

होल्ड : इसके तहत एक्सपर्ट किसी खास शेयर में, जो आपके पास पहले से है, उसमें निवेशित रहने की सलाह देते हैं।

प्रॉफिट बुकिंग : अगर कोई एक्सपर्ट प्रॉफिट बुकिंग की सलाह दे रहा है, इसका मतलब हुआ कि आपके शेयर में अगर तेजी आई है तो उसे बेचकर मुनाफा कमा लें। क्योंकि हो सकता है आगे ये तेजी बरकरार ना रहे।

स्टॉप लॉस : स्टॉप लॉस शेयर बाजार की खूबसूरती है। स्टॉप लॉस लगाकर आप अपने नुकसान को सीमित कर सकते हैं या फिर आप अपने हिसाब से नुकसान तय कर सकते हैं। स्टॉप लॉस एक तरह से जोखिम प्रबंधन का हथियार है।

शेयर बाजार भी एक तरह से कारोबार है और जिस तरह से कारोबार में नफा-नुकसान लगा रहता है, उसी तरह शेयर बाजार में भी नफा-नुकसान होता है। दूसरे कारोबार में तो आप अपने हिसाब से नुकसान की सीमा नहीं तय कर सकते हैं लेकिन शेयर बाजार में इसका फायदा उठा सकते हैं। एक्सपर्ट के मुताबिक, शेयर बाजार के निवेशकों के स्टॉप लॉस कभी भी नजरअंदाज नहीं करना चाहिए।

सपोर्ट : किसी भी शेयर या इंडेक्स का सपोर्ट लेवल का मतलब हुआ कि उस लेवल से शेयर या इंडेक्स बाउंस बैक करेगा और उससे नीचे नहीं गिरेगा। एक्सपर्ट अक्सर तीन, चार या उससे भी अधिक सपोर्ट लेवल देते हैं। एक्सपर्ट अक्सर सपोर्ट लेवल के आसपास खरीदारी की सलाह देते हैं।

रेजिस्टेंस : किसी भी शेयर या इंडेक्स का रेजिस्टेंस लेवल का मतलब हुआ कि उस लेवल से शेयर या इंडेक्स के ऊपर जाने की संभावना नहीं है। इस लेवल पर एक्सपर्ट मुनाफा वसूली की सलाह देते हैं। एक्सपर्ट अक्सर तीन, चार या उससे भी अधिक रेजिस्टेंस लेवल देते हैं।

शेयर बाजार में एंट्री करने पर शुरुआती स्तर पर इन शब्दों से आपका सामना होगा, लेकिन जैसे-जैसे आप इसमें आगे बढ़ते जाएंगे, दूसरे शब्दों को भी जानना-समझना जरूरी होगा।

यदि एक बार इन शब्दों को आप समझना शुरू कर देंगे तो आपके लिए शेयर बाजार में निवेश करना बहुत आसान हो जायेगा और आप अपनी पूंजी से निरंतर मुनाफा कमा सकते हैं।

अध्याय 40

दीर्घ कालीन निवेश

✿ ✿ ✿

> सफलता के साथ बस एक ही समस्या है वो असफलता से कैसे निपटा जाये, नहीं सीखती। **–टोमी लासोर्दा**

किसी ने ठीक ही कहा है कि योजनायें बहुत महत्त्वपूर्ण होती हैं। या तो आप शुरुआत में जीवन का मजा लीजिये और जीवन के अन्त में संघर्ष कीजिये या शुरुआत में संघर्ष कीजिये और जीवन भर सुखी जीवन जिएं। शेयर बाजार का मामला भी कुछ ऐसा ही है, लेकिन यहाँ अलग-अलग योजनाओं के साथ-साथ तात्कालिक और दीर्घकालिक योजनाओं पर भी निरंतर चिन्तन होना जरुरी है। कम से कम जिसके पास दीर्घकालिक योजना नहीं है वो बाजार के रुख में डांवाडोल होता रहता है।

आखिर आप निवेशक हैं, सट्टेबाज नहीं। हर बार जब आप मुनाफा कमाते हैं, आपका कैपिटल गेन टैक्स बनता है। इसके अलावा हर ट्रेड में दलाल की फीस शामिल होती है।

शेयर के सुझावों पर ध्यान न दें। अपना अनुसंधान करें और किसी भी शेयर सुझाव पर ध्यान न दें बेशक वह अंदर से आए। वारेन बफेट (Warren Buffett) कहते हैं कि वह सभी चिट्ठियों को जो उनको मेल की जाती हैं जिनमें एक या अन्य शेयरों का सुझाव होता है, को फेंक दिया जाता है। वे कहते हैं कि इन सेल्समैन को किसी स्टॉक को अच्छा बनाने के लिए पैसे मिलते हैं, ताकि कंपनियों की बिक्री बढ़ सके। शेयरों की मीडिया कवरेज पर ध्यान न दें। दीर्घकालीन निवेश पर फोकस करें तथा अल्पकालीन कीमतों से प्रभावित न हों।

यदि जरूरत हो तो किसी जाने-माने ब्रोकर, बैंकर, या निवेश सलाहकार

की सलाह लें, सीखना न छोड़े। लगातार जितनी किताबें एवं लेख पढ़ सकते हैं पढ़ें, खासकर उन लोगों की जिन्होंने कामयाबी से उन बाजारों में निवेश किया है, जिनमें आपकी रुचि है। आप उन लेखों को भी पढ़ना चाहेंगे जो निवेश के भावनात्मक तथा मनोवैज्ञानिक पहलुओं में मदद करते हैं, जिन्हें आप शेयर बाजार में भाग लेते समय उतार-चढ़ाव के दौरान महसूस करते हैं। यह आपके लिए महत्त्वपूर्ण है कि आप कैसे समझदार चुनाव करते हैं, जब आप शेयरों में निवेश करते हैं तथा जब आप समझदारी पूर्ण निर्णय लेते हैं तो आपको नुकसान की दशा में भी तैयार रहना चाहिए, यदि वह घटित होते हैं।

उन कंपनियों को खरीदें जिनका थोड़ा या कोई प्रतियोगिता नहीं है। एअरलाइन्स, रीटेलर्स तथा ऑटो मैनूफेक्चरर आमतौर पर खराब दीर्घकालीन निवेश हैं क्योंकि यह अत्यधिक प्रतियोगी उद्योग हैं। यह उनके न्यूनतम मुनाफे में से प्रदर्शित है। सामान्यत: सीजनल एवं ट्रेन्डी व्यवसायों जैसे कि रीटेल और रेग्यूलेट उद्योग जैसे युटिलिटी तथा एअरलाइन, जब तक कि वह एक सार आय में वृद्धि लंबे समय तक न दें। कुछ ऐसे भी हैं।

निवेश सलाहकार और दलालों का लक्ष्य आपको अपना ग्राहक बनाना है ताकि वह आपसे पैसा निकाल सकें। वह आपको अपनी सूची को S-P 500 तथा डॉव (Dow) के अनुरूप और भिन्न-भिन्न शेयरों से युक्त बनाने को कहते हैं। इस प्रकार जब भी कीमतों में गिरावट होगी वह हमेशा बहाने बनाएंगे। एक आम दलाल को इस व्यापार के बारे में बहुत थोड़ी जानकारी है। वारेन बफेट (Warren Buffett) ने एक महान बात कही है, कि "जोखिम उन लोगों के लिए है जो कुछ नहीं जानते हैं तथा वह क्या कर रहे हैं।"

सूचना, यह शेयर में सफल निवेश तथा निश्चित आय बाजार के लिए जीवनदान है। इसमें अनुशासित रूप से अपनी शोध को क्रियान्वित करना एवं प्रदर्शन का अवलोकन करना और ठीक करते रहना जरूरी है। वॉल स्ट्रीट अल्पकालिक पर केंद्रित है। ऐसा इसलिए क्योंकि भविष्य की आय का पूर्वानुमान लगाना, खासकर दूर भविष्य का, मुश्किल है।

ज्यादातर विश्लेषक दल सालों की आय का पूर्वानुमान लगाते हैं और डिस्काउंट कैश फ्लो विश्लेषण का इस्तेमाल करते हैं ताकि लक्ष्य की कीमत निर्धारित कर सकें। आप बाजार को हरा सकते हैं यदि आप अपने शेयर को लंबे समय तक संभाल कर रखें।

कम कीमत पर उपलब्ध उच्च स्तरीय शेयरों को खरीदने का मौका ढूँढ़िए। यही मूल्य निवेश का सार है।

याद रखें कि आप कागज के टुकड़ों का व्यापार नहीं कर रहे हैं जो अपनी कीमतों में ऊपर नीचे जा रहे हैं। आप किसी व्यापार के शेयर खरीद रहे हैं। उस व्यापार की सेहत एवं मुनाफा तथा जो कीमत आप अदा कर रहे हैं, यह दो कारक हैं, जिनको आपके फैसले को प्रभावित करना है।

अपने पूर्वाग्रहों से सावधान रहें और अपने निर्णयों पर भावात्मक असर न होने दें। अपने ऊपर तथा प्रक्रियाओं पर भरोसा रखें और आप एक कामयाब निवेशक बनने की राह पर अग्रसर रहें।

अपनी पोर्टफोलियों की कीमत को महीने में एक बार से ज्यादा न देखें। यदि आप इसमें पड़ेंगे तो आपको उसे बेचने का लालच आएगा तथा आप एक दीर्घकालीन निवेश का मौका गँवा देंगे। शेयर खरीदने के पहले अपने आप से पूंछें कि यदि यह नीचे जाता है तो क्या मैं बेचूंगा या और खरीदूंगा? यदि आपका उत्तर प्रथम है तो मत खरीदें।

शेयर खरीदने से पहले आप "पेपर ट्रेडिंग" करना चाहेंगे। यह नकली शेयर ट्रेडिंग है। शेयरों की कीमतों का ध्यान रखें तथा खरीदे व बेचे गए निर्णयों का खाता रखें, ठीक वैसे जैसे असल में खरीद-बेच चल रही हो। मूल्यांकन करें कि आपके निवेश के निर्णय कुछ दे पा रहे हैं। जब एक बार आप महसूस करते हैं कि आप कामयाब हैं तथा आप बाजार की कार्यप्रणाली को भली-भांति समझने लगे हैं तो फिर असल में निवेश करें। केवल उतने ही पैसे निवेश करें जिसे खोने पर आप बर्दाश्त कर सकें। शेयर अल्पकाल में तेजी से नीचे जा सकते हैं और वे निवेश जो बेहतर होते हैं, वे भी बुरे हो सकते हैं। शेयर के साथ बनें रहें, और ऑपशन्स तथा डेरिवेटिव से दूर रहें, जो कि सट्टा है, निवेश नहीं। आप शेयरों के साथ अच्छा कर पाएंगे। और ऑपशन्स तथा डेरिवेटिव के साथ आप संभवतः अपने पैसों को गँवा देंगे।

जब पैसों की बात आती है, तो लोग अपनी शान बताने के लिए झूठ भी बोल सकते हैं। इसलिए जब कोई आपको सुझाव देता है, तो याद रखें कि वह सिर्फ एक विकल्प है। आप इसके स्तोत्र पर विचार करें। शेयरों को मार्जिन में मत खरीदें। शेयर बगैर सूचना दिए उतरते और चढ़ते हैं, और यह आपको बर्बाद कर सकते हैं। 50% की गिरावट भी आपको रुला सकती है और फिर उनका मूल्य बढ़ जाता है। मार्जिन पर शेयर खरीदना सट्टेबाजी है, निवेश नहीं।

तकनीकी विश्लेषण का इस्तेमाल न करें, यह तकनीक व्यापारियों के लिए है, निवेशकों के लिए नहीं। इसकी व्यावहारिकता एक निवेश के रूप में तर्क का विषय जोरों से रहा है।

डे-ट्रेड, स्विंग ट्रेड, या अन्य शेयरों के ट्रेड अल्पकालीन मुनाफे के लिए न करें। याद रहे जितना आप बार-बार ट्रेड करेंगे उतनी कमीशन देनी होगी और यह आपकी आय को कम करेगा। अति अल्पकालीन व्यापार से दूर रहना इसलिए जरूरी है, क्योंकि इसमें कामयाब होने के लिए, आपको कार्यकुशलता, ज्ञान तथा हिम्मत चाहिए। यह नौसिखियों के लिए नहीं है।

बाजार के बारे में अटकलें लगाकर समय का पूर्वानुमान न लगाएं कि कब स्टॉक वापिस गिरेंगे। कोई भी (झूठों को छोड़कर) शेयर बाजार के उतार-चढ़ाव के बारे में नहीं बता सकता है।

किसी निवेश सलाहकार पर आँख मूंद कर विश्वास न करें, खासकर वह जो आपके निवेश से पैसा कमाते हैं। और यह ब्रोकर, सलाहकार, या विश्लेषक पर लागू हो सकता है।

"मोमेन्टम एनवेस्टिंग" से बचें। बहुत अच्छे शेयर को खरीदने का अभ्यास करें, जो हाल ही में काफी कामयाब रहा हो। यह खुले आम सट्टेबाजी है, निवेश नहीं, और यह हमेशा काम नहीं करता है। किसी से भी पूछें जिन्होंने 1990 के दशक में निवेश करके आजमाया है। अंदर की लेन-देन में शामिल न हों। अगर आप शेयरों में अंदरूनी जानकारी के आधार पर व्यवसाय करेंगे इससे पहले कि सूचना सार्वजनिक हो और इस बात के लिए आप पर मुकदमा दायर हो सकता है। आप चाहे जितना भी पैसा कमा लें लेकिन कानूनी शिकंजे में फंसने पर यह सब निरर्थक हो जाता है।

दुनिया सिर्फ आपकी सफलता देखती है, लेकिन जो लोग सफल होना चाहते हैं वो सफल लोगों की योजनाएं और रणनीति देखते हैं कि सफल व्यक्ति ने कैसे अपने जीवन में चुनौतियों का सामना किया और उनके समाधान कैसे किये। इसलिए आप भी अपनी तमाम योजनाओं को दीर्घकालीन बनाने के लिए हमेशा प्रयास करते रहें।

अध्याय 41

म्यूचुअल फंड

❀ ❀ ❀

> सफलता का मतलब है वह इंसान बनने का साहस, दृढ़ता और इच्छाशक्ति होना, जो इंसान बनने में आप यकीन करते हैं।
> **-जॉर्ज शीहान**

म्यूचुअल फंड, जिसे हिन्दी में पारस्परिक निधि कहते हैं, किन्तु इसका अंग्रेजी नाम अधिक प्रचलित है, एक प्रकार का सामूहिक निवेश होता है। निवेशकों के समूह मिल कर स्टॉक, अल्प अवधि के निवेश या अन्य प्रतिभूतियों (सेक्यूरीटीज) में निवेश करते हैं। यूटीआई एएमसी भारत की सबसे पुरानी म्यूचुअल फंड कंपनी है। म्यूचुअल फंड में एक फंड प्रबंधक होता है जो फंड के निवेशों को निर्धारित करता है और लाभ और हानि का हिसाब रखता है। इस प्रकार हुए फायदे-नुकसान को निवेशकों में बाँट दिया जाता है। स्टॉक बाजार की पर्याप्त जानकारी न होने पर भी निवेश की इच्छा रखने वालों के लिए एक सुलभ मार्ग म्यूचुअल फंड होता है। म्यूचुअल फंड संचालक (कंपनी) सभी निवेशकों के निवेश राशि को लेकर इकट्ठे करती है और उनसे कुछ सुविधा शुल्क भी लेती है। फिर इस राशि को उनके लिए बाजार में निवेश करती है। इनमें निवेश करने का फायदा यह है कि निवेशक को इस बात की चिंता करने की जरूरत नहीं होती कि आप कब शेयर खरीदें या बेचें, क्योंकि यह चिंता फंड मैनेजर की होती है। वही निवेशक के निवेश का रखरखाव करने वाला होता है। एक दूसरा लाभ ये भी होता है, कि छोटे निवेशक बहुत कम राशि जैसे

100 रु. प्रतिमाह तक निवेश कर सकते हैं। ऐसे में उन्हें सिस्टेमेटिक इनवेस्टमेंट प्लान लेना होता है, जिसमें बैंक से ये राशि सीधे मासिक फंड में स्थानांतरित होती रहती है।

म्यूचुअल फंड के शेयर की कीमत नेट ऐसेट वैल्यु या एनएवी (NAV) कहलाती है। इसकी गणना के लिए फंड के कुल मूल्य को निवेशकों द्वारा खरीदे गए कुल शेयरों की संख्या से भाग दिया जाता है।

प्रकार

म्यूचुअल फंड की इक्विटी योजना में इंडेक्स फंड, डायवर्सिफाइड फंड, लार्ज-कैप फंड, मिड-कैप स्कीम और कर-बचाव योजना (टैक्स सेविंग स्कीम) जैसे बहुत से विकल्प उपलब्ध होते हैं। निवेशक निवेश के उद्देश्यों और लक्ष्य पर सही बैठने वाली योजना चुन सकते हैं।

सूचकांक योजना

जो निवेशक किसी विशेष शेयर के लिए कॉल नहीं चाहते वे सूचकांक आधारित योजना यानी इंडेक्स स्कीम में निवेश कर सकते हैं क्योंकि इंडेक्स स्कीम उन विशेष शेयरों में ही निवेश करती है जो किसी विशेष इंडेक्स का हिस्सा होते हैं। यदि इंडेक्स ऊपर जाता है तो निवेशक फायदे में रहते हैं।

विविध योजना

इसे डायवर्सिफाइड स्कीम भी कहते हैं। यदि किसी विशेष सेक्टर या इकनॉमी के किसी एक सेगमेंट में निवेश को लेकर नहीं रहना चाहते तो डायवर्सिफाइड स्कीम का विकल्प उपलब्ध होता है।

ओपेन एंडेड और क्लोज एंडेड फंड

युनिट जारी करने के अनुसार दो प्रकार के होते हैं- ओपेन एंडेड फंड योजना के जीवनकाल में किसी भी समय यूनिट जारी किए जा सकते हैं या उनका भुगतान कर सकते हैं। क्लोज एंडेड फंड बोनस या राइट निर्गम को छोड़कर योजना के अंतर्गत कोई भी नया यूनिट जारी नहीं कर सकते हैं। इस ही कारण से ओपेन एंडेड योजना की यूनिट पूंजी में शेयर की ही तरह उतार-चढ़ाव हो सकते हैं, जबकि क्लोज एंडेड के मामले में ऐसा नहीं

होता। ओपन एंडेड योजना में कभी भी प्रवेश लिया जा सकता है या उससे बाहर निकला जा सकता है और कई बार इनमें एक लॉक-इन पीरियड होता है, जिसके अंदर रीडेंपशन नहीं हो सकता, इसलिये इनमें प्रवेश के समय ही निश्चिंत हो जाना चाहिये। क्लोज एंडेड योजना में सब्सक्रिप्शन एक ही बार लिया जा सकता है और रीडेंपशन भी न्यूनतम तय समय सीमा के अंतराल पर ही हो सकता है। इस तरह क्लोज एंडेड स्कीम की तरलता (लिक्विडिटी) कम हो जाती है। अमान्य नाम लार्ज कैप म्यूचुअल फंड में निवेश किसी ब्लूचिप कंपनी के स्टॉक में किया जाता है। इनमें निवेश सुरक्षित माना जाता है। ऐसा इसलिए होता है, क्योंकि इनके बारे में जानकारी हर जगह उपलब्ध होती है। मिड कैप म्यूचुअल फंड में निवेश मध्यम और छोटे आकार की कंपनियों में किया जाता है।

बैलेंस्ड फंड

बैलेंस्ड फंड को हाइब्रिड फंड कहते हैं। यह कॉमन स्टॉक, प्रैफर्ड स्टॉक, बांड और अल्पावधि बांड होता है। यह फंड लाभदायक होते हैं, क्योंकि इनमें जोखिम कारक भी कम हो जाता है और बहुत हद तक पूंजी की सुरक्षा निश्चित होती है।

ग्रोथ फंड

ग्रोथ फंड की सहायता से अधिकतम फायदा प्राप्त करने का प्रयास किया जाता है। इनमें निवेश उन कंपनियों में किया जाता है जो बाजार में तेज प्रगति करती हैं। इन फंड्स में निवेश अधिक लाभ के लिए करते हैं और इस कारण से जोखिम अधिक होता है।

वैल्यू फंड

यह ऐसे फंड हैं जो सुरक्षा को वरीयता देते हैं। इनमें अपेक्षाकृत कम लाभ होता है, किन्तु हानि की संभावना बहुत कम होती है।

मनी मार्केट फंड

सामान्यतः मनी मार्केट सबसे सुरक्षित फंड माने जाते हैं। इनका मुख्य उद्देश्य निवेशित पूंजी सुरक्षित रखना होता है।

म्यूचुअल फंड क्यों है?

केवल बचत नहीं बल्कि निवेश करें, बचत और निवेश के बीच का अंतर समझें। आय से कम खर्च बचत है लेकिन बढ़ती हुई कीमतें समय के साथ आपकी बचत का मूल्य कम कर देंगी। निवेश केवल मुद्रास्फीति के अनुरूप नहीं होकर उससे कहीं अधिक हो जिससे कि वह आय का दूसरा स्रोत बन सके। म्यूचुअल फंड इक्विटी फंड, डेब्ट फंड, निधियों का फंड, एक्सचेंज-ट्रैडेड फंड, स्थायी परिपक्वता योजनाओं, सेक्टर आधारित फंड और अन्य कई इसी प्रकार के उन्नत उत्पादों को श्रृंखला प्रदान करता है।

चाहे इसका उद्देश्य वित्तीय लाभ हो या सुविधा, म्यूचुअल फंड अपने निवेशकों को कई लाभ प्रदान करता है

अध्याय 42

शेयर बाजार : पारिभाषिक शब्दावली

❁ ❁ ❁

बार-बार असफल होने पर भी उत्साह ना खोना ही सफलता है।
-विंस्टन चर्चिल

आउटलुक : रेटिग के साथ जुड़ा हुआ यह शब्द भी भावी संभावनाओं को दर्शाता है। कंपनी/संस्था या देश का भविष्य क्या है अथवा इसकी क्या संभावना है, जैसे सवाल पूछते समय आउटलुक शब्द का उपयोग किया जाता है। आउटलुक के आधार पर ही निवेश करने का निर्णय कम्पनी को लिया जाता है, क्योंकि आउटलुक पॉजिटिव, नेगेटिव या फिर स्टेबल (स्थिर) हो सकता है। निवेशकों के लिए यह हितकारक है कि वे निवेश करते समय कंपनी, संस्था या देश के आउटलुक पर ध्यान दें।

ऑर्डर बुक : कंपनी की ऑर्डर बुक में कितने ऑर्डर बकाया पड़े हैं, इसकी जानकारी के आधार पर कंपनी के कार्य परिणाम, भविष्य एवं स्थिरता का अनुमान लगाया जा सकता है। कंपनी के पास ऑर्डर ही न हों या भरपूर ऑर्डर न हों तो ऐसी स्थिति कंपनी के लिए अच्छी नहीं मानी जाती, जबकि निरंतर ऑर्डर मिलने वाली तथा ऑर्डर बुक में भरपूर ऑर्डर रखने वाली कंपनी की स्थिति सुदृढ़ मानी जाती है। ऑर्डर बुक भरपूर होने का अर्थ यह है कि कंपनी के पास भरपूर काम है तथा भविष्य में उसकी आय निरंतर बनी रहेगी।

आर्बिट्रेज : एक शेयर बाजार से निर्धारित शेयरों की कम भाव पर

खरीदारी करके उसे दूसरे बाजार में ऊंचे भाव पर बेच देने की प्रवृत्ति को आर्बिट्रेज कहा जाता है। उदाहरण स्वरूप बीएसई पर एबीसी कंपनी के शेयर 145.20 रु. के भाव पर खरीद कर उसी समय एनएसई पर 145.30 रु. पर बेच देने की प्रक्रिया को आर्बिट्रेज कहते हैं। इस प्रकार आपको 10 पैसे का अंतर मिलता है। ये सौदे एक ही समय किये जाते हैं तथा इसमें बड़ी संख्या में सौदे किये जाते हैं। पुराने समय में एक ही समय पर एक ही स्क्रिप के अलग-अलग भाव हुआ करते थे परंतु अब ऑन लाइन ट्रेडिंग सुविधा होने से इसकी मात्रा काफी घट गयी है। अब इस प्रकार के सौदों में भाव का अंतर काफी कम होता है, परंतु भारी मात्रा में सौदे होने से इनमें भरपूर लाभ अर्जित होता है। इस प्रकार का कारोबार करने वालों को आर्बिट्रेजर कहा जाता है। कई बार एक ही कमोडिटी, करेंसी या सिक्युरिटीज के तीन चार एक्सचेंज पर अलग-अलग भाव अंतर पर सौदे होते हैं, जिसमें एक बाजार से नीचे भाव में खरीद कर दूसरे बाजार में ऊंचे भाव पर बेचा जाता है। यहां महत्त्वपूर्ण यह है कि ये सौदे दोनों एक्सचेंजों पर एक ही समय पर किये जाते हैं। ब्रोकर इस काम के लिए विशेष स्टॉफ रखते हैं, जो बीएसई और एनएसई दोनों पर भरपूर मात्रा में सौदे करते रहते हैं।

आर्बिट्रेशन : इस शब्द का अर्थ आर्बिट्रेज से काफी अलग है। आर्बिट्रेशन का अर्थ है विवादों का निपटान। जब ब्रोकर और ब्रोकर के बीच या ब्रोकर और ग्राहक के बीच कोई विवाद हो जाता है तो इस प्रकार के विवाद को निपटाने के लिए मध्यस्थ की नियुक्ति की जाती है, जिसे आर्बिट्रेटर कहा जाता है और उसके निपटान की प्रक्रिया को आर्बिट्रेशन प्रोसेस कहा जाता है। शेयर बाजार में ऐसे विवादों के निपटान के लिए एक खास विभाग एक्सचेंज के नियमों एवं उपनियमों के तहत कार्य करता है। इस प्रकार के मामलों में आर्बिट्रेटर की नियुक्ति एक्सचेंज के नियमों के अनुसार होती है और उसके द्वारा दिये गये निर्णय ब्रोकर और ग्राहकों पर लागू होते हैं। इस प्रक्रिया में आर्बिट्रेटर दोनों पक्षों को सुनने के बाद अपना निर्णय देता है।

ऑक्शन (नीलाम) : शेयर बाजार में जब कोई निवेशक शेयर बेच देता है, परंतु समय पर उसकी डिलिवरी देने में विफल हो जाता है तो एक्सचेंज की कार्य पद्धति के तहत निवेशक के शेयर डिलिवरी दायित्व को उतारने

के लिए उतने ही शेयरों का आवश्यक रूप से ऑक्शन (नीलाम) किया जाता है। इस प्रक्रिया में ऑक्शन के जरिए उतनी संख्या के शेयर बाजार के वर्तमान भाव पर ब्रोकर के द्वारा खरीदे जाते हैं और इसके भाव अंतर का बोझा निवेशक से वसूला जाता है। इसका कारण यह है कि निवेशक ने अपने पास शेयर हुए बिना भी उनको बेच दिया था। हमने इसके पहले शार्ट सेल्स (खोटी बिक्री) की चर्चा की थी। उसमें भी शार्ट सेल्स करने वाले निवेशक को बाजार भाव पर शेयर खरीद कर डिलिवरी देनी होती है, परंतु जब कोई निवेशक स्वेच्छा से ऐसा नहीं करता है तो बाजार के नियमों के तहत स्टॉक एक्सचेंज द्वारा आवश्यक रूप से नीलामी के मार्फत उस सौदे का निपटान किया जाता है।

एलॉटमेंट : कंपनियों के सार्वजनिक निर्गम (आईपीओ) के दौरान निवेशकों द्वारा किये गये आवेदन पर मिले हुए शेयरों को शेयर एलॉटमेंट कहा जाता है।

एसटीटी : सिक्योरिटीज ट्रांजेक्शन टेक्स को सारांश में एसटीटी कहते हैं। सरकार के कर नियम के अनुसार शेयर सिक्युरिटीज के प्रत्येक सौदे पर एसटीटी लागू होता है। सरकार को इस मार्ग से प्रतिदिन भारी राजस्व मिलता है। यह कर ब्रोकरों को भरना होता है, हालांकि ब्रोकर इसे अपने ग्राहकों से वसूल लेते हैं। प्रत्येक कांट्रेक्ट नोट या बिल में ब्रोकर्स के साथ-साथ एसटीटी भी वसूला जाता है।

एफआईआई : शेयर बाजार को नचाने वाला, बाजार की चाल निर्धारित करने वाला यह शब्द बाजार से संबंधित समाचारों में बार-बार सुनने को मिलता है। प्राय: इस बात पर आप अपना ध्यान देते हैं कि एफआईआई की लिवाली या बिकवाली के कारण बाजार का यह हाल हुआ। एफआईआई, यानी कि फॉरेन इंस्टिट्युशनल इन्वेस्टर अर्थात विदेशी संस्थागत निवेशक। ये संस्थागत निवेशक अंतरराष्ट्रीय स्तर पर होते हैं। ये अपने स्वयं के देश के लोगों से बड़ी मात्रा में निवेश के लिए धन एकत्रित करते हैं और उनका अनेक देशों के शेयर बाजार में निवेश करते हैं। इन संस्थागत निवेशकों के ग्राहकों की सूची में सामान्य निवेश से लेकर बड़े निवेशक-पेंशन फंड आदि होते हैं, जिसका एकत्रित धन एफआईआई अपनी व्यूहरचना के अनुसार

विविध शेयर बाजारों की प्रतिभूतियों में निवेश करके उस पर लाभ कमाते हैं और उसका हिस्सा अपने ग्राहकों को पहुंचाते हैं। चूंकि इन लोगों के पास धन काफी विशाल मात्रा में होता है और प्राय: ये भारी मात्रा में ही लिवाली या बिकवाली करते हैं जिससे शेयर बाजार की चाल पर सीधा प्रभाव पड़ता है। भारत में तो अभी उनका ऐसा वर्चस्व है कि लगता है शेयर बाजार को वे ही चलाते हैं। वर्ष 2008 में जब अमेरिका में आर्थिक मंदी आयी थी तब इस वर्ग ने भारतीय पूंजी बाजार से अपना निवेश निरंतर निकाला था, जिससे भारतीय बाजार में भी गिरावट होती गयी। किसी भी एफआईआई को भारतीय शेयर बाजार में निवेश करने से पहले अपना पंजीकरण भारतीय प्रतिभूति एवं विनिमय बोर्ड (सेबी) तथा भारतीय रिजर्व बैंक के पास करवाना होता है तथा इनके नियमों का पालन करना होता है। वर्तमान समय में सेबी के पास 1100 से अधिक एफआईआई पंजीकृत है।

एक्सपोजर : साधारण शब्दों में इसे जोखिम कहा जा सकता है। जब कोई निवेशक किसी कंपनी में निवेश करता है तो यह कहा जाता है कि उक्त निवेशक ने कंपनी में एक्सपोजर लिया है। एक्सपोजर मात्र कंपनी में ही नहीं, बल्कि संपूर्ण उद्योग या अर्थ तंत्र में भी लिया जाता है। जब कोई निवेशक अन्य देश में निवेश करता है तो कहा जाता है कि उसने उस देश के अर्थ तंत्र में या उस देश की कंपनियों, उद्योगों में एक्सपोजर अर्थात जोखिम ली है। वायदे के सौदों में यह शब्द काफी उपयोग में लाया जाता है, क्योंकि जब कोई ट्रेडर फ्यूचर कांट्रेक्ट करता है तब वह भविष्य की जोखिम लेता है। व्यक्ति जब भी कोई निवेश करता है तब उसके मूल्य में घट-बढ़ की संभावना होने से उस निवेश का एक्सपोजर कहा जाता है।

बेस्ट बाई : जो शेयर खरीदने के लिए उत्तम माने जाते हैं या जिन शेयरों का खरीदारी के लिए उत्तम भाव माना जाता है उन्हें बेस्ट बाई कहा जाता है। ये कंपनियां श्रेष्ठ हैं अथवा भविष्य में उनका भाव अपने वर्तमान भाव से बढ़ने की संभावना होती है। ऐसी स्क्रिप या शेयर को बेस्ट बाई के रूप में गिना जाता है। अनेक बार एनालिस्ट विद्यमान स्थिति के आधार पर किसी शेयर को बेस्ट बाई कहते हैं, उस समय उन कंपनियों का शेयर भाव बढ़ने की प्रबल संभावनाएं रहती हैं।

ब्लू चिप : शेयर बाजार की श्रेष्ठ-मजबूत कंपनियों के लिए यह शब्द उपयोग में लाया जाता है। किसी कंपनी का ब्लू चिप होने का अभिप्राय यह है कि उसके शेयर निवेशकों के लिए पसंदीदा शेयर हैं। इस प्रकार की कंपनियों में सौदे भी काफी होते हैं, उतार-चढ़ाव भी काफी होता है और उनमें निवेशकों का आकर्षण भी खूब बना रहता है।

बोल्ट बीएसई (बांबे स्टॉक एक्सचेंज) ऑन लाइन ट्रेडिंग : बोल्ट अर्थात प्रतिभूतियों की ऑनलाइन स्क्रीन आधारित ट्रेडिंग सुविधा उपलब्ध कराने वाला टर्मिनल। बीएसई के सदस्यों को एक्सचेंज की तरफ से इस टर्मिनल की सुविधा उपलब्ध करायी जाती है।

बबल : पिछले कुछ वर्षों से यह शब्द भी संपूर्ण विश्व में चर्चित है। विशेषकर बाजार में जब कोई भी प्रकरण खुलता है तो उसे बबल बर्स्ट हुआ है, ऐसा कहा जाता है। बबल अर्थात बुलबुला और बर्स्ट अर्थात फटना। जब किसी शेयर का भाव बुलबुले की तरह फूलता रहे और एक सीमा पर आने के बाद धड़ाम से गिर जाये तो इसे बुलबुला फूटना कहा जाता है।

करेक्शन : शेयर बाजार की दैनिक रिपोर्ट में इस शब्द का उपयोग होता रहता है। बाजार खूब बढ़ गया हो और एक निश्चित ऊंचाई पर पहुंचने के बाद तेजी के रूझान के बीच जो गिरावट दर्ज की जाती है उसे बाजार में करेक्शन कहा जाता है। उदाहरण के लिए शेयर बाजार यदि निरंतर 4 दिन एकतरफा बढ़ता रहे और पांचवे दिन उसमें गिरावट आ जाये तो उसे करेक्शन के नाम से जाना जाता है। समय-समय पर इस प्रकार का करेक्शन बाजार के स्वास्थ्य के लिए अच्छा प्रतीक माना जाता है। निरंतर एकतरफा बढ़ते रहने वाला बाजार जोखिमपूर्ण हो जाता है जिसमें आगे जाकर एक साथ भारी गिरावट की संभावनाएं बढ़ जाती हैं।

कार्पोरेट एक्शन : कंपनी द्वारा जब कभी भी शेयरधारकों या बाजार से संबंधित कोई निर्णय लिया जाता है तो उसे कार्पोरेट एक्शन कहा जाता है। उदाहरण के लिए लाभांश/ब्याज का भुगतान, राइट/बोनस इश्यू, मर्जर/डिमर्जर, बाई बैक, ओपन ऑफर जैसी बातें कार्पोरेट एक्शन कही जाती हैं।

कांट्रेक्ट नोट : शेयर बाजार में सौदे करते समय कांट्रेक्ट नोट का काफी महत्त्व है। आप जिस शेयर ब्रोकर के जरिये शेयरों की खरीद बिक्री

करें, उससे हर बार कांट्रेक्ट नोट लेने का आग्रह करें। आपके शेयरों के सौदे किस समय तथा किस भाव पर हुए, उस पर कितनी दलाली, सिक्युरिटी ट्रांजेक्शन टैक्स, सर्विस टैक्स लगा है, इन सबका उल्लेख कांट्रेक्ट नोट में होता है। आपको ब्रोकर से सौदे के 24 घंटे के भीतर कांट्रेक्ट नोट मिल जाना चाहिए, परंतु सामान्य रूप से ब्रोकर इसमें 3-4 दिन लगा देते हैं। कांट्रेक्ट नोट पाना आपका अधिकार बनता है और यही आपके सौदे का दस्तावेजी प्रमाणित प्रमाण भी है। यदि किसी कारण से आपका ब्रोकर विफल हो जाये और आपको अपने सौदे के शेयर या उसकी रकम उससे लेनी निकलती है तो इस कांट्रेक्ट नोट के आधार पर ही आप अपना दावा पेश कर सकते हैं। ब्रोकर के विफल होने पर एक्सचेंज कांट्रेक्ट नोट के आधार पर ही आपका दावा मान्य करता है, जिसमें आपको एक्सचेंज की तरफ से 10 लाख रुपये तक की सुरक्षा मिलती है। ऐसी स्थिति में कांट्रेक्ट नोट ही मात्र ऐसा दस्तावेज है जो आपके दावे का आधार बनता है। ऐसा न होने पर आपका दावा वैध नहीं माना जायेगा। अतः ब्रोकरों के साथ व्यवहार करते समय कांट्रेक्ट नोट लेने का आग्रह करें, इसकी उपेक्षा न करें तथा इसे संभाल कर अपने पास रखें। याद रखें इस कांट्रेक्ट नोट पर ब्रोकर का सेबी पंजीकरण क्रमांक होना भी आवश्यक है।

कॉर्नरिंग : जब कोई निश्चित व्यक्ति या ग्रुप किसी शेयर विशेष की खरीदारी करके उस पर एकाधिकार जमाने के लिए इकट्ठा करता है तो इसे उस शेयर की कॉर्नरिंग हो रही है, ऐसा कहा जाता है। ऐसा करने के अनेक कारण हो सकते हैं परंतु यह बात निश्चित है कि ऐसा करने के पीछे उक्त समूह या व्यक्ति की उस शेयर में रुचि है।

कंसेंट ऑर्डर : प्रतिभूति बाजार में यह शब्द पिछले एक-दो वर्षों से प्रचलित हुआ है। बाजार का कोई भी मध्यस्थी-खिलाड़ी नीति नियमों का उल्लंघन करता है तब उसके विरुद्ध कार्रवाई की जाती है। उल्लंघन करने वाली हस्ती अपना अपराध स्वीकार न करे तो वह अपना विवाद सेट, हाई कोर्ट और सुप्रीम कोर्ट तक ले जा सकता है। ऐसा करने पर उसे काफी खर्च करना पड़ सकता है तथा समय भी काफी बर्बाद हो सकता है। यदि कोई हस्ती इन लंबी कानूनी प्रक्रियाओं से बचना चाहे तो वह अपनी भूल स्वीकार कर लेता है और सेबी उस पर निर्धारित आर्थिक दंड लगाकर एक कंसेंट

ऑर्डर जारी कर देती है। ऐसा करने से समय और खर्च बच जाता है, जबकि अपराधी को आर्थिक सजा भी मिल जाती है। हालांकि विशेष प्रकार के अपराधों में ही कंसेंट ऑर्डर की सुविधा मिलती है। गंभीर प्रकार के अपराध करके कंसेंट ऑर्डर के जरिए मुक्ति नहीं पायी जा सकती। न्यायालयों में विवादों के ढेर लगे हुए हैं तथा मामलों के निर्णय आने में वर्षों लग जाते हैं। ऐसी स्थिति में कंसेंट ऑर्डर के जरिए मामलों को निपटाना एक व्यवहारिक मार्ग है। विदेशों में यह प्रथा प्रचलित है। सेबी द्वारा यह प्रथा शुरू करने के बाद अनेक मामलों के निर्णय जल्दी हो पाये हैं और आर्थिक दंड के रूप में इस प्रक्रिया के जरिए काफी धन जमा हुआ है। इस राशि का उपयोग इन्वेस्टर प्रोटेक्शन या एज्यूकेशन पर किया जा सकता है।

डिलिस्टिंग : आईपीओ (पब्लिक इश्यू) के बाद जिस प्रकार शेयरों की शेयर बाजार में लिस्टिंग होती है उसी प्रकार अनेक बार कंपनियां अपने शेयरों की शेयर बाजार से डिलिस्टिंग करवाती हैं। शेयर डिलिस्टि हो जाने के बाद उनके सौदे शेयर बाजार पर नहीं हो सकते। इस प्रकार डिलिस्टिंग शेयरधारकों एवं निवेशकों के हित में नहीं है। डिलिस्टिंग अलग-अलग कारणों से होती है। कोई कंपनी डिलिस्टिंग करार का पालन नहीं करती है और डिलिस्टिंग की फीस नहीं भरती है तब एक्सचेंज पहले उसके शेयरों को सस्पेंड कर देता है उसके बाद भी यदि कंपनी निर्धारित समय के अंदर डिलिस्टिंग करार में वर्णित शर्तों का पालन नहीं करती है तो अंत में एक्सचेंज उसके शेयरों को डिलिस्टि करने का नोटिस दे देते हैं। ऐसा होने पर भी यदि कंपनी कोई उत्तर न दे तो एक्सचेंज उसके शेयरों को अपनी सूची से हटा देती है। इस प्रकार की डिलिस्टिंग एक सजा के रूप में या कार्रवाई के रूप में होती है, जिसका भोग उसके शेयरधारकों को भोगना पड़ता है, जिससे वे अपने शेयरों के सौदे बाजार में नहीं कर सकते और शेयरों की प्रवाहिता शून्य हो जाती है। जबकि अनेक बार कंपनियां अपनी स्वेच्छा से डिलिस्टिंग कराती हैं। ऐसा करते समय कंपनियों को सेबी के डिलिस्टिंग दिशा-निर्देशों का पालन करना होता है, जिसके तहत कंपनी को शेयरधारकों के पास से स्वयं ही शेयर खरीदने पड़ते हैं। इस प्रकार स्वेच्छिक डिलिस्टिंग के मामले में उसके शेयरधारकों को नुकसान सहन नहीं करना पड़ता है।

डिसइन्वेस्टमेंट : यह शब्द पिछले कुछ वर्षों से अपनी अर्थव्यवस्था और बाजार में प्रचलित हुआ है। इन्वेस्टमेंट का अर्थ है निवेश करना जबकि डिसइन्वेस्टमेंट का मतलब है निवेश खाली करना। सरकारी अर्थात सार्वजनिक क्षेत्र की कंपनियों की स्थापना सरकार ने की होती है, जिससे उस कंपनी का संपूर्ण मालिकाना हक सरकार के पास ही रहता है। बदलते समय और उदारीकरण के वातावरण में निजीकरण का दायरा बढ़ता जा रहा है। सरकार इन सार्वजनिक क्षेत्र की कंपनियों से अपना हिस्सा (निवेश) खाली करती है तो इसे डिसइन्वेस्टमेंट कहा जाता है। यह खाली किये जाने वाला हिस्सा सरकार सार्वजनिक जनता, निजी निवेशकों, बैंकों, संस्थाओं आदि को प्रस्तावित करती है। इस प्रकार धन एकत्रित करके सरकार उस रकम का उपयोग सामाजिक विकास के कार्यों में करती है। साथ ही सामान्य निवेशकों को सार्वजनिक क्षेत्र की इन कंपनियों में अपनी हिस्सेदारी लेने का अवसर मिलता है। डिसइन्वेस्टमेंट के बाद शेयरों की स्टॉक एक्सचेंज पर लिस्टिंग होती है और उसमें सौदे भी होते हैं। सरकार पिछले कई वर्षों से धीमी गति से डिसइन्वेस्टमेंट कर रही है। जिसके कारण ही अनेक सार्वजनिक क्षेत्र की कंपनियों के शेयर सूचीबद्ध हैं, जिनमें ओएनजीसी, एनटीपीसी, भेल इत्यादि कंपनियों का समावेश है। वर्ष 2010-11 के बजट में 40 हजार करोड़ रु. डिसइन्वेस्टमेंट के जरिए एकत्रित करने का लक्ष्य रखा गया है। हाल ही में सरकार की तरफ से डिसइन्वेस्टमेंट का पहला चरण शुरू हुआ है जिसे ध्यान में रखते हुए बांबे स्टॉक एक्सचेंज ने पीएसयूडॉटकॉम के नाम से एक अलग वेबसाइट भी तैयार की है, जिस पर पीएसयू के डिसइन्वेस्टमेंट से संबंधित आवश्यक जानकारियां उपलब्ध करायी गयी हैं। दीर्घावधि के लिए निवेश करने वाले निवेशकों के लिए ये कंपनियां श्रेष्ठ मानी जाती हैं। निवेशकों को इस साइट से ऐसी अनेक जानकारियां मिल सकती हैं जो उनके निवेश निर्णय में सहायक होती हैं।

डीपी (डिपॉजिटरी पार्टिसिपेंट) : शेयरधारक, कंपनी और डिपॉजिटरी की कड़ी अर्थात डीपी। बैंक, वित्तीय संस्थाएं और शेयर दलाल आदि डीपी बन सकते हैं। जिस प्रकार बैंक खातेधारकों की रकम संभाल कर रखते हैं उसी प्रकार डिपॉजिटरी निवेशकों की प्रतिभूतियों को इलेक्ट्रॉनिक स्वरूप

में संभाल कर रखते हैं। हमारे देश में एनएसडीएल (नेशनल सिक्युरिटीज डिपॉजिटरी लिमिटेड) और सीडीएसएल (सेंट्रल डिपॉजिटरी सर्विसेज इंडिया लिमिटेड) नाम की दो डिपॉजिटरी हैं। शेयर बाजार में सौदे करने के लिए निवेशक को अपना डिमैट खाता खुलवाना आवश्यक है। यह खाता डिपॉजिटरी पार्टिसिपेंट के पास खुलवाया जाता है।

डाइवर्सिफिकेशन (विविधीकरण) : शेयर बाजार ही नहीं निवेश जगत में भी यह शब्द काफी महत्त्व रखता है। सभी अंडे एक टोकरी में नहीं रखे जाते, आपने यह कहावत तो सुनी ही होगी। इसी प्रकार सारा निवेश एक शेयर में नहीं करना चाहिए बल्कि अलग-अलग शेयरों में करना चाहिए और इतना ही नहीं ये शेयर भी अलग-अलग उद्योगों से जुड़ी कंपनियों के होने चाहिए। इस प्रकार विविध उद्योगों की कंपनियों के शेयरों में निवेश करना विविधीकरण कहलाता है। ऐसा करने से निवेशकों की जोखिम घटती है, कारण कि यदि सारे अंडे एक ही टोकरी में हों और वह टोकरी गिर जाय तो सारे अंडे नष्ट हो जायेंगे। इसी प्रकार सारा निवेश किसी एक ही कंपनी के शेयरों में हो और दुर्भाग्यवश यदि उस कंपनी के साथ कुछ अनहोनी हो जाये तो निवेशकों का सारा निवेश नष्ट हो सकता है। ऐसा करने के बजाय विविध शेयरों में निवेश होने से डाइवर्सिफिकेशन का लाभ मिलता है। जिसमें यदि किसी एक या दो कंपनियों के शेयर गिर भी जायें तो अन्य शेयरों में किया गया निवेश उसकी जोखिम को कम कर देता है। अलग-अलग उद्योगों के शेयर रखने के पीछे उद्देश्य यह है कि प्राय: किसी एक समय में सभी उद्योगों की कंपनी में मंदी का दौर नहीं रहता। एक उद्योग में मंदी होने पर दूसरे उद्योग की तेजी का लाभ मिल जाता है। हां, यह दूसरी बात है कि पूरे वित्त बाजार में ही भारी गिरावट का दौर न आ जाय।

यहां यह बात भी समझानी जरूरी है कि निवेश का डाइवर्सिफिकेशन मात्र शेयरों तक ही सीमित नहीं रहना चाहिए। निवेशकों को मात्र शेयरों में निवेश करने से भी जोखिम होती है। भले ही उसने अनेक प्रकार के शेयरों में निवेश किया हो। पूरा शेयर बाजार ही मंदी की चपेट में आ जाय तो क्या हो? निवेशकों को अपने असेट का भी डाइवर्सिफिकेशन रखना चाहिए। जिसे दूसरे शब्दों में असेट एलोकेशन भी कहा जाता है। सरल शब्दों में कहा

जाय तो निवेशकों को शेयरों के बाद सोना, चांदी, प्रापर्टी, बैंक या कार्पोरेट डिपॉजिट, बांड्स, सरकारी बचत योजनाओं इत्यादि में भी निवेश करना चाहिए। ऐसा करने से उसकी संपूर्ण जोखिम का विभाजन हो जाता है और वह अपने पूरे निवेश को खोने से बच सकता है।

डिसगोर्जमेंट : यह शब्द उच्चारण में काफी भारी भरकम लगता है, परंतु इसका अभिप्राय काफी सरल है। कोई भी हस्ती शेयर बाजार या पूंजी बाजार में गैर व्यवहारिक तरीके से घोटाले करके दूसरों की रकम डकार ले तब सेबी ऐसे मामलों की जांच करके इन हस्तियों के पास से गैर व्यवहारिक तरीके से कमाई गयी रकम वसूल करने का अधिकार रखती है। इस उद्देश्य से सेबी डिसगोर्जमेंट ऑर्डर जारी करती है। इस प्रकार की वसूली को डिसगोर्जमेंट कहा जाता है। ताजा उदाहरण के रूप में इस शब्द को समझो तो वर्ष 2003-2005 के दौरान अनेकों आईपीओ में बेनामी डिमैट एकाऊंट खुलवाकर मल्टिपल आवेदन करके अनेक लोगों ने अनुचित लाभ कमाया। चूंकि उस समय बाजार तेजी पर था और आईपीओ में शेयर पाने वाले लोगों को सेकेंडरी बाजार में लिस्टिंग के बाद अच्छा लाभ मिलता था। बेनामी मल्टिपल आवेदनों के कारण छोटे आवेदक आईपीओ में शेयर पाने से वंचित रह गये थे। सेबी ने लंबी जांच के बाद ऐसे अनेक लोगों के पास से उनके द्वारा गैर व्यवहारिक तरीके से कमाई गयी रकम डिसगोर्ज (वसूल) की और अप्रैल के शुरुआत में इस वसूल की गयी रकम को मुआवजे के रूप में उन लोगों में बांटा जो आईपीओ में उक्त शेयर प्राप्त करने से वंचित रह गये थे। भारतीय पूंजी बाजार के इतिहास में ऐसा पहली बार हुआ। भारत के वित्त मंत्री के हाथों निवेशकों को मुआवजे के चेक दिये गये। इस प्रकार डिसगोर्जमेंट शब्द जरूर भारी है, लेकिन निवेशकों के लिए लाभदायी एवं राहत भरा है। इस उदाहरण से निवेशकों में सिस्टम तथा बाजार के प्रति विश्वास बढ़ना स्वाभाविक है। सेबी अपने इस अधिकार से उन लोगों पर अंकुश बनाये रख सकती है, जो बाजार में गैर कानूनी और गैर व्यवहारिक तरीके से लाभ कमाना चाहते हैं।

डिस्क्लोजर : यह शब्द सेबी के नियमों से लेकर शेयर बाजार व तमाम नीति-नियमों में उपयोग किया जाता है। साधारण अर्थों में इसका अर्थ है खुलासा करना अर्थात डिस्क्लोज करना। इस शब्द का पूंजी बाजार

में काफी महत्त्व है। इसके आधार पर ही निवेश का निर्णय लिया जाता है। निवेशकों को कंपनी तथा उसके मध्यस्थों के बारे में आवश्यक जानकारियां समय-समय पर मिलती रहें इसके लिए सेबी समय-समय पर डिस्क्लोजर के नियम बनाती एवं संशोधित करती रहती है। निवेश करने का निर्णय लेने में ये जानकारियां काफी महत्त्व रखती हैं।

इस्यूअर : प्रतिभूतियां जारी करने वाली कंपनी या संस्थान को इस्यूअर कहा जाता है। साधारण शब्दों में शेयर या प्रतिभूतियां जारी करने वाली कंपनियों या संस्थाओं को इस्यूअर कहा जाता है।

फंडामेंटल : शेयर बाजार या फिर कंपनी से संबंधित रिपोर्टों में अनेक बार फंडामेंटल शब्द पढ़ने या सुनने को मिलता है। उदाहरण के तौर पर कंपनी के या बाजार के फंडामेंटल मजबूत हैं या कमजोर हैं इत्यादि-इत्यादि। फंडामेंटल अर्थात मूलभूत तत्व या परिणाम। कंपनी बिक्री, नफा, आय, मार्जिन, डिमांड इत्यादि के संबंध में अच्छा प्रदर्शन करती हो तो फंडामेंटल की दृष्टि से कंपनी मजबूत गिनी जाती है। इसी प्रकार अनेक कंपनियों के परिणाम अच्छे आने पर या अन्य उत्साहवर्धक नीतियों की घोषणा एवं अच्छी प्रगति होने पर बाजार में सकारात्मक रूझान दिखायी देता है तो यह आर्थिक जगत के मजबूत फंडामेंटल का आधार बनता है। निवेशकों को पूंजी बाजार में निवेश करते समय कंपनियों एवं बाजार के फंडामेंटल पर विशेष ध्यान देना चाहिए।

अनेक बार कंपनियों का फंडामेंटल तो मजबूत रहता है, परंतु बाजार का फंडामेंटल कमजोर रहने से शेयरों के भाव कम रह सकते हैं। निवेशकों को ऐसे समय में कंपनी के फंडामेंटल को अधिक महत्त्व देना चाहिए।

गाइडन्स : कंपनी जब आगामी समय में होने वाले अपने संभावित टर्नओवर या बिजनेस या कार्य के संकेत देती है तो उसे गाइडन्स कहा जाता है। प्रायः आईटी (इंफॉर्मेशन टेक्नोलॉजीज) कंपनियां इस शब्द का काफी उपयोग करती हैं। इंफोसिस ने आगामी तिमाही के लिए अपना गाइडन्स जाहिर किया था, जिससे उसके शेयरों का भाव काफी चढ़ा, ऐसे समाचार आपने पढ़े होंगे। कंपनी के भावी संकेतों के आधार पर उद्योग विशेष के संकेत का अनुमान भी लगाया जा सकता है।

गाइड लाइन अर्थात मार्ग रेखा : सेबी शेयर बाजार अथवा बाजार के मध्यस्थों के लिए जब-जब भी नीति-नियम जाहिर करती है तो उसे मार्ग

रेखा कहा जाता है, इनका पालन करना आवश्यक होता है। दूसरे शब्दों में इसे शर्त एवं नियम भी कहा जा सकता है।

केवाईसी (नो योर क्लाइंट/कस्टमर) : वर्तमान समय में केवाईसी एक जरूरत बन गया है, विशेषकर बैंक एकाऊंट, शेयर ब्रोकर के पास ट्रेडिंग एकाऊंट या फिर डिमैट एकाऊंट खुलवाते समय केवाईसी का उपयोग होता है। बेनामी तथा गैरकानूनी प्रवृत्ति का धन बाजार में प्रवेश न कर पाये इसके लिए यह नियम लागू किया गया है। नो योर क्लाइंट अर्थात आप अपने ग्राहक को जानो-पहचानो। दूसरे शब्दों में कहें तो ग्राहक वास्तव में अस्तित्व में है या नहीं, इसकी जांच करना जरूरी हो गया है। काला धन, अपराध व अंडरवर्ल्ड का धन, हवाले का धन आदि बैंकिंग व शेयर बाजार के माध्यम से प्रवेश कर रहा है। ऐसी शंका या भय के आधार पर सरकार ने इस पर अंकुश लगाने के लिए केवाईसी का पालन करना आवश्यक बनाया है। इससे पहले आईपीओ घोटाले के समय बोगस डिमैट और बैंक एकाऊंट खुलवाने के प्रकरण प्रकाश में आये हैं, जिनमें कि वास्तव में कोई खाताधारक होता ही नहीं था और अनेक बेनामी और बोगस खाते खुल गये थे। इसके बाद सेबी ने पूंजी बाजार में केवाईसी आवश्यक करने का निर्णय लिया जो म्यूचुअल फंड के लिए भी लागू हो गया है।

लिस्टिंग : सार्वजनिक निर्गम में आवेदकों को शेयर आबंटित करने के बाद उन शेयरों को शेयर बाजार की ट्रेडिंग सूची पर सूचीबद्ध करवाया जाता है। इसे शेयरों की लिस्टिंग कहा जाता है।

लिक्विडिटी (प्रवाहिता) : शेयर बाजार में रुपये की आपूर्ति अधिक हो और बढ़ते हुए भाव में भी निरंतर लिवाली बढ़ती रहे तो बाजार में प्रवाहिता अधिक है, ऐसा माना जाता है। इसका एक अर्थ यह भी है कि ले-बेच दोनों निरंतर होती रहे और उनमें वाल्यूम भी काफी हो तो लिक्विडिटी अच्छी कहलाती है। बाजार में तेजी के लिए अच्छी लिक्विडिटी होना महत्त्वपूर्ण है। मंदी में लिक्विडिटी कम हो जाती है अथवा कम लिक्विडिटी होने पर बाजार में मंदी आ जाती है। अनेक बार बाजार में अधिक लिक्विडिटी के कारण भाव काफी बढ़ने लगते हैं जिससे बाजार में जोखिम बढ़ जाती है। भारतीय रिजर्व बैंक समय-समय पर बाजार में लिक्विडिटी को अंकुश में रखने के लिए कदम उठाती रहती है।

लुढ़कना (एक ही दिन में भारी गिरावट) : शेयर बाजार का इंडेक्स सेंसेक्स या फिर निफ्टी यदि एक ही दिन में काफी गिर जाये तो इसे लुढ़कना अर्थात भारी गिरावट कहा जाता है। सामान्यत: एक ही दिन में 400-500 अंकों की गिरावट बाजार के लुढ़कने या फिर इतने ही अंकों की वृद्धि बाजार के उछलने का प्रतीक माना जाता है।

मार्केट ब्रेड्थ : बाजार की चाल एवं प्रवृत्ति को दर्शाने वाली बातों को मार्केट ब्रेड्थ कहा जाता है। शेयर बाजार में जब यह जानना हो कि बाजार की चाल सकारात्मक है या नकारात्मक तो इसका अनुमान निकालने के लिए मार्केट ब्रेड्थ को देखना चाहिए। एक्सचेंज पर सूचीबद्ध कंपनियों में से जितनी भी कंपनियों के दिन भर के दौरान सौदे होते हैं उनमें से बढ़ने वाली और घटने वाली दोनों स्क्रिपें होती हैं। यदि बढ़ने वाली स्क्रिपों की संख्या अधिक हो तो मार्केट ब्रेड्थ पॉजिटिव और यदि घटने वाली स्क्रिपों की संख्या अधिक हो तो मार्केट ब्रेड्थ नेगेटिव कही जाती है। उदाहरण स्वरूप बीएसई पर सूचीबद्ध कंपनियों में यदि किसी दिन 2500 स्क्रिपों में सौदे हुए हों और उसमें से 1500 स्क्रिपों के भाव बढ़े हों और 1000 स्क्रिपों के भाव घटे हों, मार्केट ब्रेड्थ पॉजिटिव अर्थात सकारात्मक कही जाती है। इसके विपरीत होने पर मार्केट ब्रेड्थ नेगेटिव अर्थात नकारात्मक कहलाती है। बाजार का रूझान जानने के लिए निवेशकों को घटने वाली और बढ़ने वाली स्क्रिपों पर ध्यान देना चाहिए। यह संख्या शेयर बाजार की वेबसाइट पर उपलब्ध है। बीएसई और एनएसई दोनों की वेबसाइट पर मार्केट ब्रेड्थ रोज-रोज ऑन लाइन देखने को मिलती है। सेंसेक्स की 30 स्क्रिपों में से 25 स्क्रिपें बढ़ी हों और 5 घटी हों तो सेंसेक्स की मार्केट ब्रेड्थ पॉजिटिव कही जाती है। इसी प्रकार प्रत्येक इंडेक्स की अपनी-अपनी मार्केट ब्रेड्थ जानी जा सकती है।

प्लेज शेयर (गिरवी रखे गये शेयर) : कोई भी निवेशक या खुद कंपनियों के प्रमोटर शेयरों को बैंक या अन्य वित्तीय संस्थानों के पास गिरवी रखकर ऋण ले सकते हैं। इस प्रकार ऋण के लिए बतौर गारंटी गिरवी रखे गये शेयरों को प्लेज शेयर कहा जाता है। कंपनियां इस मार्ग से शेयर गिरवी रखकर ऋण सुविधाएं लेती हैं और उसका उपयोग कंपनी के विकास कार्यों पर करती हैं। ऋण लेने के लिए यह एक आसान एवं अच्छा मार्ग है।

परंतु सत्यम कंप्यूटर घोटाले के बाद हुई जांच में सेबी का ध्यान इस तरफ गया कि कंपनी के प्रमोटर भारी संख्या में शेयर गिरवी रखकर धन इकट्ठा करके उसका अन्यत्र उपयोग कर लेते हैं, जिससे कंपनी को कोई फायदा नहीं होता। इस विषय में पारदर्शिता के अभाव में निवेशकों को इस सच्चाई का पता नहीं लग पाता है कि प्रमोटरों की कंपनी में कितनी शेयरधारिता है, क्योंकि प्रमोटरों की शेयरधारिता ही इस बात का संकेत है कि प्रमोटरों का कंपनी के साथ कितना हित जुड़ा हुआ है। सत्यम घोटाले के उजागर होने के बाद ही सेबी ने समय-समय पर प्रमोटरों द्वारा गिरवी रखे गये उनके हिस्से के शेयरों की जानकारी घोषित करने का दिशा-निर्देश जारी किया। निवेशकों को प्रमोटरों की शेयरधारिता पर ध्यान रखना चाहिए।

प्रॉफिट बुकिंग : शेयर बाजार में यह शब्द सबसे अधिक महत्त्व का है, जो कि न केवल समझाने के लिए महत्त्वपूर्ण है, बल्कि इसका अमल भी महत्त्वपूर्ण है। जब आप कोई शेयर 45 रु. के भाव पर लें और एक-आधे वर्ष बाद उसका भाव 85 रु. हो जाये और आप यह शेयर बेचकर नफा कर लें तो इसे प्रॉफिट बुकिंग कहा जाता है। सामान्यत: निवेशक लालच में इतना आकर्षक लाभ मिलने पर भी और अधिक बढ़ने के लालच में उन शेयरों को बेचकर प्रॉफिट बुक नहीं करते, जिससे अनेक बार फिर से भाव घट जाने पर या तो उनका नफा जाता रहता है या वे नुकसान में भी जा सकते हैं। जब तक आप 45 रु. का शेयर 85 रु. में बेचते नहीं हैं तब तक आपका वह नफा सिर्फ कागजों तक ही सीमित रहता है। वास्तव में उसे बेचकर उसकी रकम प्राप्त करने पर ही आप प्रॉफिट हासिल कर सकते हैं। निवेशकों को कौन-सा शेयर किस भाव पर निकाल कर अपना प्रॉफिट बुक कर लेना चाहिए, इसकी समझ होनी जरूरी है।

पेनी स्टॉक्स : जिन शेयरों का भाव पैसों में अर्थात 10 पैसे से लेकर 90 पैसे तक या फिर 1 रुपये-2 रुपये में बोला जाता हो उन्हें पेनी स्टॉक्स कहा जाता है। ऐसी कंपनियां बिल्कुल घटिया दर्जे की मानी जाती हैं तथा इनके शेयरों का कोई खरीदार नहीं रहता। प्राय: ऐसी कंपनियां जेड ग्रुप में रहती हैं और इन कंपनियों में अधिकांशत: सटोरियो या ऑपरेटर हिस्सा लेते हैं। अपवाद स्वरूप अनेक बार ऐसी कंपनियों में भी कोई कंपनी ऐसी होती है जो टर्नअराउंड हो सकती है।

पीबीटी : प्रॉफिट बिफोर टेक्स – अर्थात सरकार को चुकाये जाने वाले करों के भुगतान के पूर्व का लाभ। पीबीटी वह मुनाफा है जिसमें सरकार को चुकाये जाने वाले करों (टैक्स) का समायोजन नहीं किया गया होता है।

रिकवरी : यह करेक्शन से बिल्कुल विपरीत स्थिति दर्शाती है अर्थात निरंतर घटते हुए बाजार में जब गिरावट रुक जाये और बाजार बढ़ने लगे तो इसे रिकवरी कहा जाता है। बाजार एक साथ घटता ही रहे तो इसे मंदी गिना जाता है, परंतु मंदी के कुछ दिनों के बाद बाजार में सुधार हो तो उसे रिकवरी कहते हैं। जिस प्रकार किसी बीमार आदमी के स्वास्थ्य में दवा लेने के बाद कुछ सुधार हो तो उसे रिकवरी कहते हैं, उसी प्रकार गिरते हुए बाजार में सुधार होने पर रिकवरी कहा जाता है।

रिलिस्टिंग : डिलिस्टिंग की तरह ही एक शब्द है रिलिस्टिंग। जब कोई कंपनी एक या अनेक कारणों से नियमों का उल्लंघन करने पर डिलिस्टि कर दी जाती है तो उसके बाद वह कंपनी फिर से उन नियमों का पालन करके एक्सचेंज में अपने शेयर फिर से लिस्ट करवा लेती है। इस प्रकार दुबारा सूचीबद्ध हुई कंपनियों के लिए रिलिस्टिंग शब्द का प्रयोग होता है। निवेशकों के लिए यह खुशी की बात होती है, क्योंकि जिस कंपनी के शेयर मात्र कागज के टुकड़े रह गये थे उनमें फिर से प्रवाहिता आ जाती है, उन्हें खरीदा-बेचा जा सकता है।

रोल बैक : अभी हाल ही में बजट के बाद वित्त मंत्री के मुंह से यह शब्द बार-बार बोला गया। इसका अर्थ यह है कि उठाया गया कदम पीछे नहीं लेना अर्थात जो निर्णय ले लिया गया वह ले लिया गया, उसे वापस नहीं लिया जायेगा। उदाहरण के लिए पेट्रोल की भाव वृद्धि घोषित करने के बाद वित्त मंत्री ने कहा कि उसका रोल बैक नहीं होगा तो इसका अर्थ यह हुआ कि भाव वृद्धि की घोषणा वापस नहीं ली जायेगी।

रेग्युलेशन : इस सरल शब्द का अर्थ इसलिए समझाना जरूरी है कि अधिकांश लोग रेग्युलेशन्स को नियंत्रण (कंट्रोल) मानते हैं, जबकि वास्तव में रेग्युलेशन नियमन है। ऐसे तो इन दोनों की भूमिका एक जैसी लगती है, परंतु वास्तव में ये कहीं अलग भी हैं। कंट्रोल में स्वामित्व का भाव रहता है, जबकि नियमन में नियम का पालन करवाने का इरादा होता है। सेबी नाम की पूंजी बाजार की नियामक संस्था शेयर बाजार, शेयर ब्रोकर, म्यूचुअल फंड

आदि का नियमन करती है। संबंधित हस्तियों से नियमों का पालन करवाने की जवाबदारी का निर्वाहन करवाना नियमन है।

रिस्ट्रक्चरिंग : सामान्य अर्थों में इसका मतलब है पुनर्गठन। कार्पोरेट भाषा में कहें तो जब कोई कंपनी खास उद्देश्यों के साथ अपने घाटे में कमी लाने या लाभदायिकता बढ़ाने के प्रयास स्वरूप जो कुछ फेरबदल करती है उसे रिस्ट्रक्चरिंग कहा जाता है। निवेशकों को कंपनी द्वारा उठाये गये इस प्रकार के कदमों का ध्यान से अध्ययन करना चाहिए। इसका मुख्य उद्देश्य कंपनी की स्थिति सुधारना होता है।

रिहेबिलाइजेशन अथवा रिवाइवल : जो कंपनी कंगाल होकर बीमार पड़ गयी हो तो उसके पुनरुत्थान की संभावना होने पर इसका प्रयास शुरू कर दिया जाता है। इसके लिए बीआईएफआर अपना मत व्यक्त करती है तथा कंपनी के प्रबंधन को ऐसा करने के लिए उचित समय देती है। ऐसी कंपनियों के पुनरुत्थान की प्रक्रिया पर निवेशकों को ध्यान रखना चाहिए और उसके आधार पर निवेश करने का निर्णय लेना चाहिए। हालांकि ऐसी बीमार और पुनरुत्थान की संभावनाओं वाली कंपनियों के भाव काफी गिर जाते हैं और उनमें सौदे भी नाम मात्र के होते हैं, परंतु यदि कोई मजबूत ग्रुप ऐसी कंपनी को संभालने के लिए तैयार हो जाये तो कंपनी के शेयरों का भाव रिकवर हो सकता है। ऐसी कंपनियों में जहां निवेश जोखिम भरा होता है वहीं इनमें लाभ की संभावनाएं भी रहती है।

रेटिंग : कंपनी के वित्तीय परिणाम, कार्य परिणाम, ट्रैक रिकॉर्ड आदि के आधार पर कंपनी की प्रतिभूतियों या कंपनियों को रेटिंग प्रदान की जाती है, जो कंपनी की साख एवं पात्रता का स्तर दर्शाती है। कंपनी या संस्थाओं के अतिरिक्त देश को भी रेटिंग उपलब्ध करायी जाती है। उदाहरण स्वरूप स्टैंडर्ड एंड पुअर (एस एंड पी), मूडीज जैसी संस्थाएं देश की समग्र आर्थिक स्थिति के आधार पर संबंधित राष्ट्र को भी रेटिंग प्रदान करती हैं। समय-समय पर मौजूदा स्थितियों के अनुवर्ती रेटिंग को अपग्रेड या डाउनग्रेड किया जाता है। किसी देश की रेटिंग ऊंची और अच्छी होती है तो विश्व के अन्य देशों के निवेशक उक्त देश के उद्योग धंधों में निवेश करने के लिए प्रेरित होते हैं।

सर्किट ब्रेकर : सर्किट फिल्टर स्क्रिप पर लागू होता है जबकि बाजार

के इंडेक्स पर सर्किट ब्रेकर लागू होता है। इंडेक्स दिन के दौरान कितने अंक या प्रतिशत बढ़ या घट सकता है इसकी मर्यादा को नियंत्रित रखने के लिए सर्किट ब्रेकर लागू किया जाता है। आपने कई बार सुना होगा कि सेंसेक्स या निफ्टी निश्चित प्रतिशत टूटने (घटने) के कारण बाजार कुछ समय के लिए बंद कर देना पड़ा। सर्किट ब्रेकर का उपयोग बाजार को तेजडियों और मंदेडियों की गिरफ्त से बचाने के लिए किया जाता है ताकि एक ही दिन में भारी मात्रा में उतार-चढ़ाव न हो सके। समय-समय पर सर्किट ब्रेकर की सीमा में फेरबदल किया जाता है।

सर्किट फिल्टर : किसी भी स्क्रिप का भाव एक ही दिन में अनावश्यक रूप से घटे या बढ़े नहीं अथवा कोई ऑपरेटर खिलाड़ी ऐसा न कर सके इसके लिए स्टॉक एक्सचेंज प्रत्येक स्क्रिप के उतार-चढ़ाव (चंचलता) को अंकुश में रखने के लिए सर्किट फिल्टर का तरीका अपनाती है। शेयरों के भाव के साथ कोई निरंकुश होकर छेड़खानी न कर सके इस उद्देश्य से शेयर बाजार विविध सर्किट फिल्टर निर्धारित करता है, जो कि 20 प्रतिशत की रेंज में होती हैं। जो स्क्रिप जितनी ज्यादा चंचल होती है उसे अंकुश में रखने के लिए कम प्रतिशत से सर्किट फिल्टर लागू किया जाता है, जबकि कम चंचलता वाली स्क्रिपों पर सर्किट फिल्टर का प्रतिशत अधिक होता है। एक्सचेंज सर्किट फिल्टर की सीमा में समय-समय पर परिवर्तन करता रहता है। उदाहरण के बतौर एबीसी कंपनी पर यदि 5 प्रतिशत की दर से सर्किट फिल्टर लागू है तो किसी एक कार्य दिवस में उस कंपनी के शेयरों का भाव अधिकतम या तो 5 प्रतिशत बढ़ सकता है या 5 प्रतिशत घट सकता है। इससे अधिक की घट-बढ़ होने पर उस कंपनी के उस दिन सौदे नहीं हो सकते। यह सर्किट फिल्टर एक दिन के लिए लागू होता है। अगले कार्य दिवस उसे फिर से नये सौदे करने की अनुमति मिल जाती है, परंतु उस दिन भी उस पर वही सर्किट फिल्टर की सीमा लागू रहती है। इस प्रकार किसी शेयर में ऊपरी सर्किट तेजी का तथा निचला सर्किट मंदी का संकेत देता है। निवेशक स्क्रिपों पर लगी सर्किट फिल्टर को ध्यान में रखकर उस स्क्रिप के संबंध में अनुमान लगा सकते हैं।

सर्कुलर ट्रेडिंग : शेयर बाजार में सटोरियों या ऑपरेटरों का एक ऐसा वर्ग भी रहता है जो अपनी पसंदीदा स्क्रिप की आपस में ही खरीद-बिक्री

करके उसके भाव को अपनी इच्छित दिशा में ले जाने का प्रयास करता है। इस समूह के लोग पहले से ही आपस में सांठ-गांठ कर लेते हैं और आपस में ही शेयरों को खरीद-बेचकर उस शेयर के प्रति बाजार में विशेष रूझान बनाने का प्रयास करते हैं। इस प्रकार की ट्रेडिंग को सर्कुलर ट्रेडिंग कहा जाता है। सामान्य निवेशकों के लिए यह खेल समझाना कठिन जरूर है, परंतु निरंतर निरीक्षण एवं अनुभव के आधार पर इस तरह के खेल को समझा जा सकता है और उनके इस जाल से बचा जा सकता है। एक्सचेंज का सर्वेलंस विभाग भी ऐसे सौदों पर विशेष ध्यान रखता है और ऐसे मामले सामने आने पर उन पर आवश्यक कानूनी कार्यवाही भी करता है। आम निवेशकों को तेजी के समय किसी विशेष स्क्रिप की खरीदारी करने से पहले इस बात का विशेष ध्यान रखना चाहिए कि कहीं उसमें सर्कुलर ट्रेडिंग करके उन्हें लुभाने का प्रयास तो नहीं किया गया है।

स्टॉप लॉस : प्रॉफिट बुकिंग की तरह ही बाजार में लॉस की अर्थात घाटे की बुकिंग करनी होती है, जिसे स्टॉप लॉस कहा जाता है तथा उचित समय पर ऐसा न कर पाने पर घाटा बढ़ता जाता है। माना कि कोई शेयर 45 रु. के भाव पर लिया और उसका भाव घटकर 38 रु. रह गया तथा आगे भी उसमें घटने का ही रूझान दिखायी दे तो निवेशकों को 38 रु. के स्तर पर शेयर बेच कर अपने घाटे को मर्यादित कर लेना चाहिए। ऐसा न करने पर घाटे की मात्रा काफी ज्यादा हो सकती है। रोज-रोज की खरीद-बिक्री के दौरान प्रॉफिट बुकिंग और स्टॉप लॉस की नीति का उपयोग प्रचुर मात्रा में होता है। स्टॉप लॉस को दूसरे शब्दों में कहें तो इसका अर्थ है कि घाटे की मर्यादा को नियंत्रित कर लेना। निवेशक इस प्रकार की खास सूचना के साथ अपना ऑर्डर भी रख सकते हैं।

स्टीम्युलस पैकेज : वैश्विक आर्थिक मंदी के बाद यह शब्द पूरे विश्व में प्रचलित हो गया। मंदी से उद्योग को उबारने के लिए या उस उद्योग का अस्तित्व टिकाये रखने के लिए जब सरकार राहत पैकेज घोषित करती है तो उसे स्टीम्युलस पैकेज कहा जाता है। राहत पैकेज में करों से छूट या मुक्ति, अनुदान, ब्याज माफी, ऋण वापस करने के नियमों में छूट जैसी अनेक सुविधाओं का समावेश होता है। सरकार अपने बजट से ये सुविधाएं उस उद्योग को बचाने के लिए उपलब्ध कराती है। ये सुविधाएं निश्चित

समयावधि के लिए होती हैं, स्थायी नहीं। इसलिये जब भी इस तरह का राहत पैकेज वापस लिया जाता है तब संबंधित उद्योग में थोड़ी-सी घबराहट जरूर नजर आती है और उसका असर उन कंपनियों के शेयरों पर भी पड़ता है। हालांकि सरकार राहत पैकेज वापस लेते समय इस बात की सुनिश्चितता करती है कि क्या वह उद्योग अपने बल पर खड़ा होने के लायक बन गया है? राहत पैकेज से संबंधित सरकारी निर्णय उक्त उद्योग की कंपनियों के शेयरधारकों के लिए काफी संवेदनशील होते हैं।

सेबी : यह पूंजी बाजार-शेयर बाजार की नियामक संस्था है, जिसका पूरा नाम सिक्युरिटीज एंड एक्सचेंज बोर्ड ऑफ इंडिया है। सेबी का मूलभूत उद्देश्य है पूंजी बाजार का स्वस्थ विकास एवं निवेशकों का रक्षण। सेबी का गठन संसद में पारित प्रस्तावों के अनुरूप किया गया है, जो एक स्वायत्त नियामक संस्था है। इसके नियम शेयर बाजारों, शेयर दलालों, मर्चेंट बैंकरों, म्यूचुअल फंडों, पोर्टफोलियो मैनेजरों सहित पूंजी बाजार से संबंधित अनेक मध्यस्थों पर लागू होते हैं।

सेट अर्थात सिक्युरिटीज अपीलेट ट्रिब्युनल (एसएटी) : यह सेबी से सम्बद्ध एक न्यायालय के समान ज्युडिसरी बॉडी है। सेबी के आदेश के सामने सेट में अपील की जा सकती है। सेट के आदेश सेबी को मानने पड़ते हैं या सेबी उसके सामने भी अपील कर सकती है और हाईकोर्ट में भी अर्जी कर सकती हैं। जिस प्रकार इन्कम टैक्स के सामने अपील में जाने के लिए इन्कम टैक्स अपीलेट ट्रिब्युनल होती है उसी प्रकार सेट एक ट्रिब्युनल है।

स्वीट (स्वेट) इक्विटी : आईपीएल मैच के विवाद के दौरान यह शब्द थोड़ा चर्चा में आया था, परंतु शेयर बाजार और आर्थिक जगत में यह शब्द वर्षों से प्रचलित है। कंपनी जब अपने कर्मचारियों एवं निदेशकों को रियायती शर्तों पर इक्विटी शेयर देती है तब ऐसे शेयरों को स्वीट शेयर कहा जाता है। सामान्यतः ये स्वीट (स्वेट) इक्विटी शेयर कर्मचारियों एवं निदेशकों को उनके द्वारा कंपनी के हित में किये गये महत्त्वपूर्ण योगदान के बदले दिये जाते हैं। कभी-कभी ये शेयर बिल्कुल निःशुल्क भी दिये जाते हैं।

सिक कंपनी : बीमार कंपनी या मंद कंपनी को सिक कंपनी कहा जाता है। कंपनी अधिनियम में बीमार कंपनी की व्याख्या की गयी है, जिसके अनुसार जिस कंपनी की नेटवर्थ समाप्त हो गयी हो अर्थात जिस कंपनी का

संचित घाटा बढ़कर उसकी नेटवर्थ से अधिक हो गया हो तो उसे बीमार कंपनी माना जाता है और ऐसी कंपनी बीमार कंपनी कही जाती है। बीमार हो चुकी कंपनी का इलाज हो सकता है, जिसके तहत प्रमोटर कंपनी में अन्य धन का निवेश करते हैं, दूसरे प्रमोटरों को सहभागी बनाते हैं, जिससे वह कंपनी बीमारी से बाहर आ सकती है। बीमार कंपनी को बीआईएफआर (बोर्ड फार इंडस्ट्रीयल एंड फाइनेंशियल रिकंस्ट्रक्शन्स) में सूचीबद्ध कराना होता है। यह बोर्ड कंपनी की स्थिति की जांच करके उसके इलाज की सलाह देता है। यदि उसे सुधरने का कोई रास्ता नजर नहीं आता तो ऐसी कंपनियों को वाइंड-अप (can) करने की सलाह दी जा सकती है। निवेशकों को ऐसी कंपनियों पर दोहरी नजर रखनी चाहिए। यदि ऐसी कंपनियों के सुधरने की संभावना हो तो उस कंपनी के शेयर कम भाव पर खरीद लेने चाहिए और यदि कंपनी बंद होती नजर आये तो अपने शेयर बेच देने चाहिए।

सेलिंग प्रेशर : शेयर बाजार में यह शब्द प्रचलित होने के साथ-साथ घबराहट फैलाने वाला है। इसका अर्थ है बिकवाली का दबाव। जब शेयर बाजार में निरंतर या बड़ी मात्रा में बिकवाली होने लगे तब ऐसी स्थिति को सेलिंग प्रेशर कहा जाता है। इससे बाजार मंदी की ओर जाता है। सेलिंग प्रेशर पूरे बाजार का भी हो सकता है या एफआईआई या म्यूचुअल फंड जैसे समूह का भी हो सकता है। जब किसी एक वर्ग द्वारा बिकवाली का दबाव हो तो ज्यादा चिंता की बात नहीं परंतु जब यह दबाव सभी वर्गों में हो तो ऐसी स्थिति चिंतादायक होती है।

शेयरहोल्डिंग पैटर्न : यह शब्द निवेशकों में अधिक लोकप्रिय नहीं है, परंतु इसका महत्त्व काफी है। प्रत्येक कंपनी का शेयरहोल्डिंग पैटर्न होता है। इसका अर्थ यह है कि उक्त कंपनी की शेयरपूंजी में किस-किस वर्ग के कितने शेयर हैं, इसकी जानकारी शेयर पैटर्न कहलाती है तथा इसके आधार पर कंपनी का मूल्यांकन भी किया जा सकता है। किसी भी कंपनी में अलग-अलग शेयरधारक होते हैं, जिसमें कंपनी के प्रमोटरों के अलावा सार्वजनिक जनता, विदेशी संस्थागत निवेशक (एफआईआई), म्यूचुअल फंड, घरेलू संस्थागत निवेशक (जिसमें बीमा कंपनियों, बैंकों आदि का समावेश होता है), एनआरआई (अनिवासी भारतीय) आदि होते हैं। सामान्यत: जिस कंपनी में प्रमोटरों की शेयरधारिता अधिक होती है उसे मजबूत कंपनी माना

जाता है, इसका कारण यह है कि कंपनी के प्रमोटरों का हिस्सा अधिक होने पर वे उसके विकास के लिए अधिक सक्रिय एवं गंभीर रहते हैं, ऐसा माना जाता है। जिस कंपनी की शेयरधारिता में जनता का हिस्सा कम होता है, बाजार में उनके शेयर कम रहते हैं, जिससे बाजार में उसकी मांग बढ़ने पर भाव ऊंचे रहने या बढ़ने की संभावना अधिक रहती है। इसी प्रकार एफआईआई, वित्तीय संस्थाओं और म्यूचुअल फंड की शेयरधारिता अधिक होने वाली कंपनियों को भी अच्छा माना जाता है, क्योंकि उन कंपनियों में फंडामेंटल मजबूती के आधार पर ही तो इन वित्त विशेषज्ञों ने इनमें निवेश किया होगा, ऐसा माना जा सकता है। इस प्रकार कंपनी के शेयरहोल्डिंग पैटर्न को देखकर उस कंपनी की सेहत का सहज ही अनुमान लगाया जा सकता है। प्रत्येक कंपनी की स्वयं की वेबसाइट या शेयरबाजार की वेबसाइट पर प्रत्येक कंपनी का शेयरहोल्डिंग पैटर्न उपलब्ध है। निवेशक निवेश करने से पहले संबंधित कंपनी के शेयरहोल्डिंग पैटर्न को देख लें, ऐसी सलाह दी जाती है।

शॉर्ट कवरिंग : शॉट्स सेल्स (बनावटी बिकवाली) शब्द की चर्चा हमने पहले की थी। इस बार उसमें से सृजित दूसरे शब्द शॉर्ट कवरिंग को समझाते हैं। बाजार जब गिरावट की तरफ होता है तो उस समय मंदेडिये हाथ में शेयर न होने पर भी उनकी बिकवाली कर देते हैं, जिससे यदि बाजार उनकी धारणा के अनुसार और घटता है तो वे घटे हुए भाव पर शेयर खरीद कर उसकी डिलिवरी दे देते हैं अथवा सौदे को भाव अंतर के साथ बराबर कर देते हैं। इस प्रकार जब बाजार में अधिकांश कारोबारी खोटी बिकवाली करके, बाद में शेयरों की खरीदी करने लगे अर्थात शॉर्ट सेल्स करने के बाद खरीदी करने लगे तो ऐसी स्थिति को शॉर्ट कवरिंग कहा जाता है। शेयर बाजार से संबंधित इस शब्द का अखबारों में या दैनिक मार्केट रिपोर्ट में काफी उपयोग होता है। शॉर्ट कवरिंग के कारण बाजार घटने से रुका या बाजार रिकवर हुआ, ऐसी बातें सुनने को मिलती हैं। इस प्रकार शॉर्ट कवरिंग गिरते हुए बाजार को थामने का काम करता है।

शेयर बाजार में डिस्काउंट : शेयर बाजार में डिस्काउंट का दूसरा अर्थ भी होता है। जब बाजार में किसी कंपनी के शेयर का भाव उसके मूल भाव से नीचे चल रहा है तो उसे डिस्काउंट कहा जाता है। इसे विलो पार अर्थात

सममूल्य से कम भी कहा जाता है। दूसरी तरफ किसी कंपनी के शेयरों का विद्यमान बाजार भाव यदि उसके सम्भावित भाव से कम चल रहा हो तो इसे भी शेयर डिस्काउंट पर मिल रहा है, ऐसा कहा जाता है।

यह हुई शेयर के भाव में डिस्काउंट की बात। दूसरी तरफ शेयर बाजार में अनेक ऐसी घटनाएं एवं समाचार होते हैं जहां इस शब्द का उपयोग किया जाता है। किसी घटना के होने की संभावना मात्र से बाजार पर उसका असर पड़ जाये और वह घटना वास्तव में घटित होने पर उसका खास असर बाजार पर न पड़े तो कहा जाता है कि वह घटना डिस्काउंट हो गयी। उदाहरण के लिए रिजर्व बैंक की घोषणाएं होने की संभावना से ही बाजार पर उसका असर पड़ जाये और सचमुच घोषणा होने पर उसका कोई खास असर दिखायी न दे तो कहा जाता है कि रिजर्व बैंक की घोषणाएं डिस्काउंट हो गयीं।

टॉप और बॉटम : शेयर बाजार में जब भी कोई शेयर या सूचकांक अपने उच्चतम स्तर पर पहुंचता है तो कहा जाता है कि उक्त शेयर या उक्त इंडेक्स ने अपना टॉप बना लिया है। इसी प्रकार निचले स्तर पर होने पर बॉटम कहलाता है। यह टॉप या बॉटम समय अंतराल के आधार पर निर्धारित होता है। उदाहरण स्वरूप सेंसेक्स ने वर्ष 2009 में 17500 का टॉप और 7600 का बॉटम बनाया।

टर्नअराउंड : जब कोई कंपनी घाटे से बाहर निकल कर मुनाफा करने लगे या भारी घाटा दर्शाने वाली कंपनी का घाटा नाम मात्र रह जाये तो ऐसी कंपनी को टर्नअराउंड कंपनी कहा जाता है। निवेशकों को ऐसी कंपनियां तलाशते रहनी चाहिए, क्योंकि ऐसी कंपनियों में आगामी समय में मुनाफे की गुंजाइश बढ़ जाती है जिससे उनके भाव बढ़ने की संभावना हो जाती है। व्यापारिक पत्रिकाओं, रिसर्च एजेंसियों, स्टॉक एक्सचेंज की वेबसाइट का निरंतर अवलोकन करके इस प्रकार की कंपनियों को चिन्हित किया जा सकता है। कई बार किसी निश्चित उद्योग में मंदी का दौर समाप्त होने पर उस क्षेत्र से जुड़ी कंपनियां टर्नअराउंड हो जाती हैं। इसी प्रकार कई बार पूरा बाजार भी टर्नअराउंड होता है, जिसमें बाजार निरंतर गिरावट वाले नेगेटिव रूझान से निकलकर सकारात्मक की ओर प्रस्थान करता है।

टेकओवर : जब कोई एक कंपनी दूसरी कंपनी का अधिग्रहण करती है तो इसे टेकओवर कहा जाता है। कार्पोरेट क्षेत्र में बड़ी कंपनियां अपने जैसा ही कारोबार करने वाली छोटी परंतु अच्छी कंपनियों का टेकओवर करके अपना कद बढ़ाती हैं। आपने कुछ समय पूर्व स्टील क्षेत्र की टाटा स्टील द्वारा विदेशी कंपनी कोरस के अधिग्रहण की बात सुनी होगी। अभी हाल ही में फोर्टिस हेल्थकेयर ने विदेशी कंपनी पार्कवे का मेजोरिटी हिस्सा अधिग्रहित किया है। भारती एयरटेल अफ्रीका की जेन कंपनी का अधिग्रहण करके चर्चा में रही है। कोई भी कंपनी जब दूसरी कंपनी का टेकओवर करती है तब उसका स्वामित्व या नियंत्रण अपने कब्जे में ले लेती है, जिसके कारण ये टेकओवर शेयरधारकों एवं निवेशकों के लिए संवेदनशील एवं महत्त्वपूर्ण हो जाते हैं। जब कोई मजबूत और समर्थ कंपनी किसी दूसरी कमजोर कंपनी का अधिग्रहण करती है तो कमजोर कंपनी के शेयरधारक खुश हो जाते हैं, जबकि अधिग्रहित करने वाली कंपनी के शेयरधारक सोचते हैं कि इससे उनकी कंपनी पर बोझा न बढ़े तो अच्छा।

टेकओवर परस्पर आपसी सहमति से भी होता है तथा बाजार की व्यूहरचना के साथ चालाकी से भी किया जाता है, जिसमें अनेक बार जिस कंपनी का टेकओवर किया जाता है, उस कंपनी के मैनेजमेंट को अंधेरे में भी रखा जाता है। इस प्रकार के टेकओवर वार के अनेक किस्से कार्पोरेट इतिहास में दर्ज हैं। ऐसे टेकओवर को होस्टाइल टेकओवर कहा जाता है। इस विषय की जटिलता एवं शेयरधारकों की सुरक्षा एवं हितों के विभिन्न मुद्दों को ध्यान में रखते हुए सेबी ने टेकओवर रेग्युलेशन्स बनाया है और समय-समय पर आवश्यकतानुसार उसमें सुधार भी किया जाता है। निवेशकों को कार्पोरेट टेकओवर के किस्सों पर नजर रखनी चाहिए क्योंकि आगामी वर्षों में ऐसे किस्से बढ़ने की संभावना है। भारी प्रतिस्पर्धा में न टिक पाने वाली छोटी एवं मध्यम कद की कंपनियों को विशालकाय कंपनियां टेकओवर कर लें तो ऐसे में उन छोटी कंपनियों की किस्मत बदल जाती है, जिसका प्रभाव दोनों कंपनियों के शेयर भावों पर पड़ता है।

टार्गेट : इसका सरल अर्थ है लक्ष्य। शेयर बाजार में टार्गेट शब्द का उपयोग शेयरों के भाव के संदर्भ में व्यापकता से किया जाता है। विशेषकर

एनालिस्ट अपनी रिपोर्ट में इस शब्द का उपयोग करते हैं। उदाहरण के लिए एक कंपनी के शेयरों का भाव आगामी तीन महीनों या छह महीनों में 500 रु. तक पहुंचने का टार्गेट है। इस टार्गेट अर्थात लक्ष्य के लिए एनालिस्ट विभिन्न कारण भी बताते हैं। टार्गेट भाव शार्ट टर्म के लिए अधिक उपयोग किया जाता है और उसमें परिस्थितियों के अनुसार समय-समय पर बदलाव भी किया जाता है। यहां इस बात का विशेष ध्यान रखना चाहिए कि जब कोई एनालिस्ट किसी शेयर का टार्गेट भाव बताये तो उसके आधार पर आंख बंद करके निवेश नहीं करना चाहिए। तेजी के समय ऐसे टार्गेट भले ही पूरे हो जायें, लेकिन हमेशा ऐसा हो ही, यह जरूरी नहीं।

ट्रीगर : यह शब्द जरा संजीदा है। इसका सादा अर्थ है बाजार का चालक बल या ड्राइवर। बाजार की भाषा में कहें तो मार्केट को ऊंचा ले जाने के लिए किसी ट्रीगर की जरूरत होती है। शेयर बाजार एक या अनेक कारक तत्वों के आधार पर संचालित होता है, उसकी गति ऊपर या नीचे की ओर हो सकती है, परंतु बाजार को वेग देने के लिए ट्रीगर प्वाइंट जरूरी है। उदाहरण के लिए सरकार जब कोई उदार एवं प्रोत्साहनात्मक नीति जाहिर करती है तब बाजार को ऊपर जाने के लिए ट्रीगर मिल जाता है अथवा रिलायंस जैसी विशाल कंपनी का परिणाम काफी उत्साहवर्धक जाहिर हो तो यह भी बाजार को ऊपर ले जाने के लिए ट्रीगर बन सकता है। रिजर्व बैंक की ऋण नीति अत्यधिक प्रोत्साहन वाली थी, जिससे बाजार को ऊपर जाने का ट्रीगर मिल गया। इस प्रकार शेयर बाजार की चाल को वेग देने वाले कारक तत्वों को ट्रीगर कहा जाता है। अहा जिदंगी या उसके इस कॉलम को पढ़ना भी आपके लिए ट्रीगर हो सकता है क्योंकि इसको पढ़कर आप लाभान्वित होते हैं।

यूसीसी : युनिक क्लाइंट कोड- शेयर दलालों के पास अपना पंजीकरण कराने वाले प्रत्येक ग्राहक को एक कोड नंबर दिया जाता है। ब्रोकर के पास शेयरों के सौदे लिखवाते समय ग्राहकों को यह कोड नंबर बताना होता है।

युलिप : अप्रैल के महीने में यह नाम विवादित हो गया था। युलिप का पूरा नाम है यूनिट लिंक्ड इंश्योरेंस प्लान। अर्थात एक ऐसी निवेश योजना जिसमें निवेश करने से व्यक्ति का जीवन बीमा भी हो जाता है। उसके द्वारा किये गये निवेश को सिक्युरिटीज मार्केट में निवेश किया जाता है, जिससे

उसे प्रतिभूति बाजार का एक्सपोजर भी मिलता है। अभी हम इसके विवाद की बात करने के बजाय युलिप के बारे में बताना चाहेंगे। युलिप एक म्यूचुअल फंड के समान स्कीम है जो निवेश के साथ बीमा का भी लाभ ऑफर करती है। यहां यह स्पष्ट करना जरूरी है कि निवेशकों को बीमा प्रोडक्ट में बीमा के तरीके से ही निवेश करना चाहिए। जो व्यक्ति सचमुच अपने परिवार के हित में अपने जीवन को बीमित करना चाहता है उसके निवेश में बीमे की मात्रा अधिक रहने वाली योजनाओं का समावेश होना चाहिए। युलिप में बीमा का हिस्सा काफी कम होता है और सिक्युरिटीज में निवेश का हिस्सा काफी ऊंचा होता है। युलिप हो या ऐसी ही कोई अन्य योजना निवेशकों को चाहिए कि वे इन योजनाओं का बारीकी से अध्ययन करके ही अपनी आवश्यकता के अनुरूप इसका चयन करें।